语文撞上心理学

——幸福变色龙

肖　军　著

科学普及出版社
·北　京·

图书在版编目（CIP）数据

语文撞上心理学——幸福变色龙 / 肖军著. —北京：科学普及出版社，2013

ISBN 978-7-110-08169-3

Ⅰ. ①语… Ⅱ. ①肖… Ⅲ. ①语文教学－教学心理学－初中
Ⅳ. ①G633.3

中国版本图书馆CIP数据核字（2013）第054850号

编 著 者　肖　军
绘　　画　同　同

出 版 人　苏　青
策划编辑　肖　叶
责任编辑　张　莉
封面设计　阳　光
责任校对　王勤杰
责任印制　马宇晨
法律顾问　宋润君

科学普及出版社出版
北京市海淀区中关村南大街16号　邮编：100081
电话：010-62173865　传真：010-62179148
http:www.cspbooks.com.cn
科学普及出版社发行部发行
鸿博昊天科技有限公司印刷
*
开本：720毫米×1000毫米 1/16 印张：9.75 字数：150千字
2013年6月第1版　2013年6月第1次印刷
ISBN　978-7-110-08169-3/G · 3425
印数：1-5000册　定价：18.50元

作者简介

ABOUT THE AUTHOR

肖军 中学语文及心理教育高级教师、心理咨询师、湖北省科普作家协会会员，《中国学生健康报》、《心理医生》、新浪网、搜狐网等媒体心理专家，全球最大的中文网络实体书图书馆——青番茄阅读推广专家。在省级、国家级报纸杂志上发表心理学、教育学及文学作品总计数十万字。多年来坚持做中小学生心理日记点评，在国家级学生刊物上发表心理日记点评近百篇，形成了自己独特的点评风格。出版的学生心理著作有《中学生心理日记点评》、《小学生心理日记点评》（全三册）。其中，《中学生心理日记点评》一书获第六届湖北省优秀科普作品奖。

序

PREFACE

一拿到这套丛书书稿，我就被丛书的题目和内容所吸引，有一种不读不快的冲动。读完全部书稿，我更是有一种相见恨晚的感觉。

作为一名长期从事语文教学研究并时刻关注中学生心理健康的教育工作者，我有责任来写几句话，向大家推荐这套书。

据作者解释，这套丛书是从心理学的角度解读文本，同时借语文阅读中的相关素材传播心理学知识。

其实，语文阅读本身就是多角度理解文本的过程。而心理学的角度正是语文阅读众多角度中极其重要的一个。但是，因为传统思维的禁锢，也因为同学们的心理学知识不够充足，因而在语文阅读中，心理学的角度其实一直是被忽视的，或者说重视不够。但是，语文阅读一直在呼唤着心理学的到来。

语文阅读呼唤心理学主要有两个方面的原因。

首先，对文本的深度理解必须有起码的心理学知识。我们很多学生（甚至包括一些语文老师）之所以对文本的理解总是流于表面、时常犯人云亦云的毛病、缺乏自己的独到见解，其中一个重要的原因就是心理学知识比较贫乏，没有养成从心理学视角进行思考的习惯。当然，心理学方面的阅读绝不是语文阅读的全部。我们既要学会从心理学的角度阅读文本，同时还要善于离开心理学的角度，以避免语文阅读视角的单一化，保证语文阅读视角的多样性。

其次，语文心理阅读，也是我们在语文教学中渗透心理健康教育的需要。当下社会正处于转型时期，人们非常容易出现心理困扰。而学生因为心智还很不成熟，出现心理问题的概率就会远远大于成年人。学生中越来越多的心理问题向我们的语文教师提出了更高的要求：我们的语文教师能不能利用语文教学的独特优势，在传统教学目标的基础上，增加心理健康教育这一项？这不仅仅是我个人的希望，也是新时期语文教育的期待。可喜的是，越来越多的语文教师正在努力实现这个期待。

上面，我们说了语文阅读对心理学的呼唤。而我们学校的心理健康教育又何尝不是呼唤着语文阅读——希望利用语文教材中丰富的心理学素材向同学们普及心理学常识、传递心理学人文精神呢？

语文阅读教学呼唤心理学，心理健康教育呼唤语文阅读教学。而肖军老师的这套《语文撞上心理学》丛书正是在这呼唤中来到了我们中间。

这套丛书的亮点很多。从心理学的视角解读初中语文教材中的人物形象，这些都是很独到的尝试；分析语文课文中的心理防御机制和认知心理，不仅能引导学生更深入地理解课文，还能向学生普及许多有用的心理学知识；专门针对学生所做的“对成语的心理学解读”，利用生动的成语故事普及心理学知识，则能实现语文与心理学教育的双赢；“心灵小故事点评”，不仅可以让学生积累精彩的写作素材，而且可以震撼学生的心灵、促进学生的成长；而利用中学语文教材解读爱情、友情和亲情的文章更是精彩纷呈；还有“趣味心理”、“生命教育”、“情商教育”、“艺术心理”等文章都给人以耳目一新的感觉。

肖军老师在从事心理健康教育之前，当了近20年的中学语文教师，积累了丰富的语文教学经验。之后，他开始涉足心理咨询领域，并努力探索将心理健康教育与语文教育相融合的有效方式。心理日记点评和心理阅读探秘这两种方式就是他长期探索的结晶。特别是在心理日记点评方面，他积累了丰富的经验，有许多独到的心得。迄今为止，肖军老师已经在国家级学生刊物上公开发表学生心理日记点评文章近百篇，出版多部心理日记点评著作，其中《中学生心理日记点评》一书得到了《中国教师报》的重点推荐，并荣获第六届湖北省优秀科普作品奖。相信这套《语文撞上心理学》丛书同样会在同学和老师中产生较大的影响，并为中学语文教学和心理健康教育带来一股清新的空气。

此为序。

郑西银

2011.4.30

前言

FOREWORD

一切文学都是人学，而一切人学都离不开心理学。如不能从心理学的层面把握人性，文学家的写作就会流于肤浅。因此，文学家往往都是天生的心理学家。

一切阅读都是读者和作者的心灵交流。为了更好地理解作者的写作意图与作品的思想内涵，利用心理学的知识对文本进行深度解读是一个很好的途径。

这样，文学与心理学、阅读与心理学就自然而然地结合在了一起。

撰写这套心理阅读丛书，目的之一就是为了从心理学的角度启发同学们更加深入地理解作品及作家。

而另一个目的就是将心理健康教育渗透到语文教育之中。这是我在教育教学中一直努力的方向。在《中学生心理日记点评》、《小学生心理日记点评》系列著作由科学普及出版社公开出版并获得读者好评之后，我便开始了用心理学知识和原理来解读中学语文课文、赏析课外经典作品的工作。这项工作主要包括四个方面的内容：一是针对初中语文课本中某些文章的主题进行心理诠释；二是针对语文教材中的人物形象从心理学的角度进行深度解码；三是针对文章中的某个现象（或者是某个片段、某一细节）进行心理透视；四是对一些有心理含量的成语与课外小故事进行心理解读和点评。

这是一项很有趣的工作。在我近20年的语文教学实践中，在我还没有从事心理咨询工作之前，我就已经有这样一种习惯，就是常常不自觉地用心理学的眼光看待文本。在正统的语文教师看来，这种习惯是偏离语文教学正轨的、不入流的。值得庆幸的是，我一直没有放弃这种习惯，而正是因为不放弃，才有了《中学生心理日记点评》、《小学生心理日记点评》（丛书）的出版以及今天这套《语文撞上心理学》丛书的诞生。

引导中学生以心理学的视角理解中学语文教材，不仅是向中学生普及心理健康常识的需要，更是提升中学生心理素质、人文素质的需要。这项工作曾经有人尝试过，也有过不少独特的见解，但是很零碎，没有形成一部专著。而本书虽然是站在前人的肩膀上看世界、在心理学大师们的引领下向文本深处挖掘，但看到的视野还是非常有限，所到之处仍然很肤浅，系统性也不是很强。读者从本书的目录中可以发现：为了保证我们的素材大部分来自中学语文教材，少部分来自同学们所熟知的课外文章，我们无法按照一个统一的标准进行分类编排，而只能进行一个大致的分类。

另外，关于上下册的书名还需要说明一下。

从心理学的角度分析，契诃夫的著名短篇小说《变色龙》在于揭示社会中的人际关系，而安徒生的经典童话《丑小鸭》侧重对自我的认识，侧重个人内心的感受。二者存在着“外”与“内”的关系。因此，《幸福变色龙》分册侧重揭示人与人之间的关系，而《快乐丑小鸭》分册重在探索自我及感悟心灵。之所以还要在“变色龙”前面加上“幸福”二字，在“丑小鸭”前面加上“快乐”二字，读者通过阅读书中的相关文章就会明白：心理阅读一定要抛弃传统的思维方式，在纯粹心理的层面张开求异的翅膀，翱翔于思想的天空。此种思维方式，难道不正是素质教育所要求的吗？难道不正是我们的学生甚至老师所缺乏的吗？

中学生心理阅读是一项大胆而全新的尝试。既然是尝试，就难免有瑕疵。在此希望中学生读者能光临“肖军咨询师新浪博客”(http://blog.sina.com.cn/hubeixiaojun)互动交流，希望广大的语文教师、心理教师、语文专家、心理专家不吝赐教。

探秘是一段旅程。在旅程中，有了您的批评与指正，将不会再有寂寞和孤独……

肖　军

2013年4月20日

内容简介

INTRODUCTION

本书分为上下两册。《幸福变色龙》分册重在揭示人与人之间的关系，分“趣味心理”、“爱情无价”、“友情无敌”、“亲情无限”、“生命教育”、“情商教育”、“艺术心理”、“心理常识”八个章节，《快乐丑小鸭》分册重在探索自我及感悟心灵，分“人物心理解码”、“刘禹锡对柳宗元”、“认知心理”、“心理防御机制”、“对成语的心理学解读”、“心灵小故事点评”六个章节。

本书不仅是同学们学习语文与心理学的好帮手，也是语文教师教学的好参谋，是心理教师对学生进行心理辅导的好素材。

目录 CONTENTS

第一章 趣味心理

第二章 爱情无价

第三章 友情无敌

第四章 亲情无限

第五章 生命教育

第六章 情商教育

第七章 艺术心理

第八章 心理常识

第一章

趣味心理

1 “水煮扁鹊”：
初入职场者的反面教材

《扁鹊见蔡桓公》是一篇家喻户晓的文言文。因为这篇短文，蔡桓公成为讳疾忌医的典型，嘲弄声一片，谴责声一片。可如果换一个角度来看文本，我们就会发现，其实扁鹊在蔡桓公讳疾忌医的过程中也是有责任的，其教训也是深刻的。

1．指出对方的问题要看场合，不能想到什么就马上说出口。蔡国虽然是小国，但蔡桓公大小是一国之君。扁鹊不应一见面就指出对方身体有恙，毕竟有其他大臣在场，应该照顾一下蔡桓公的面子。

2．指出对方的问题要照顾对方的心情。扁鹊可迂回地展开话题，比如先谈一些蔡桓公感兴趣的话题，循序渐进地步入主题。毕竟蔡桓公也不会把自己的健康当作儿戏的。

3．指出对方的问题要注意语言技巧。扁鹊可将对方的疾病转换成保健上的问题，然后从强身健体的角度说出自己的调理方案，蔡桓公自然乐意接受建议。

4．一旦发现对方很忌讳你说的问题，应马上改变自己的谈话策略。谈话必须以获得对方的信任为前提。只有在获得了对方的信任之后，对方才不会有抵触情绪，才会自然而然地接受你的意见。如果发现对方对你完全没有信任感，切不可一味“死谏”，可以通过其他人转达你的意见。扁鹊一发现蔡桓公对自己有抵触情绪就应该去找宫中的太医，说服太医接受自己的观点，然后让太医出面劝说蔡桓公。万一太医出面也不行，还可以找蔡桓公的直系亲属出面做工作。总之，只要用心，办法总是会有的。

刚见面的时候，因为治病心切，扁鹊忽视了蔡桓公的心理感受，我们可以理解。可后来，扁鹊不应总是“君之病君之病”的，医生不应一见面就毫无铺垫地说对方有病。

这个故事中的教训值得我们深思。

思考扁鹊在蔡桓公讳疾忌医事件中的责任，对于那些刚踏入职场的年轻人来说，是非常有价值的。为什么很多有才华的年轻人在进入职场之后还不如那些才能平庸的同辈？一个重要原因是因为这些有才能的年轻人大多有扁鹊心态：领导你听我的，是你明智！领导你不听我的，就是讳疾忌医！这种心态在职场上是万万不可的。

所以，《扁鹊见蔡桓公》中折射出来的某些观点完全可以作为初入职场者的反面教材。

2 通过《西游记》人物作自我人格分析

先请同学们做一道题：在《西游记》中的三个主要人物——唐僧、孙悟空、猪八戒中，你最喜欢的是哪一个人物？请你在三秒钟之内凭感觉回答，不要思考。然后将答案写在旁边。当你读完这篇文章后，你会对自己有一个意外的发现。

心理学鼻祖弗洛伊德认为，一个人的人格由本我、自我、超我组成。本我由一切与生俱来的本能冲动所组成，本我的活动只受快乐原则的支配，一味地追求无条件的一时的满足；自我是从本我中分化出来的一部分，它是关注现实的一部分，受现实的陶冶变得“识时务”，不盲目去追求快乐，它使人能在现实生活中理性地、正常地生活，它遵循现实的原则，既力求避免痛苦、追求满足，又不违背社会规范；超我是理想的自我，它遵循道德标准，极力维护各种社会规范。

如果你喜欢唐僧，说明你选择了一个以“超我”为主要特征的理想主义者，道德感强，自我约束能力强，但是往往难免死板拘谨；如果你喜欢孙悟空，说明你选择了一个以“自我”为主要特征的现实主义者，敢于向权威挑战，追求自由和正义，但是有自我夸大的倾向，喜欢耍小聪明；如果你喜欢猪八戒，则说明你选择了一个以“本我”为主要特征的享乐主义者，率真可爱，但是往往容易冲动，对自己的行为缺乏约束。

正是唐僧代表的“超我”、孙悟空代表的“自我”以及猪八戒代表的“本我”三者的有机结合才构成了一个正常的人格整体。每个正常人身上都有这三种人格特征，只是不同的人在这三者上面的表现各不相同罢了。

需要指出的是，你选择猪八戒代表的“本我”，并不一定就说明你“本我”的特征就很强，“超我”的特征就很弱。有时恰恰相反，正是因为你“超我”的特征一直很强，“本我”的特征一直很弱，所以你感到特别需要有很强的“本我”特征来平衡，这样你才选择了猪八戒。选择“自我”、“超我”，也是一样。准确地说，你选择谁，只能说你选择了相应的特征，并不一定说明你的某个特征真的就很强。它有可能是你最强的特征，也有可能正好是你很弱的特征，需要我们结合具体的情况进行具体分析。

3 疯狂英语与森田疗法

数十年的哑巴英语教学和几千年的中庸文化造成了中国英语学习者普遍的口语障碍。疯狂英语的创始人李阳首先在自己身上以“疯狂”的理念突破了英语学习中的口语障碍，获得了极大的成功。

李阳在中学的学习成绩并不理想。1985～1986年高三期间，他因对学习失去信心曾几欲退学。1986年，自新疆实验中学勉强考入兰州大学工程力学系，大学一年级和二年级多次补考英语。为了彻底改变英语学习失败的窘况，李阳开始奋起一搏。他摒弃了偏重语法训练和阅读训练的传统，另辟蹊径，从口语突破，并独创性地将考试题变成了琅琅上口的句子，然后脱口而出。经过四个月的艰苦努力，1988年，李阳在大学英语四级考试中一举取得全校第二名的优异成绩。

后来，他将自己独特的英语学习方法命名为疯狂英语。

疯狂英语的精神体现着对理想的执着追求，代表着对事业忘我的全情投入，代表着不达目的决不罢休的激情，代表着人类超越自我的精神。这在疯狂英语的口号中有很鲜明的体现。例如，越是自己不敢做的事情，越是要做！越是令自己恐惧的事情，越是要做！越是自己没信心的事情，越是要做！这就是疯狂的精神！这就是成功的秘诀！

实际上，这也是森田疗法中“忍受痛苦，为所当为”的原则。

森田疗法是一种具有独特哲学色彩的日本认知行为疗法。森田认为，在一定条件下，任何人都有可能出现神经质的症状。如初次在众人面前露面会感到紧张；听说别人发生煤气中毒事件后总觉得自家的煤气没关好，不反复检查就放心不下，等等。这种紧张感和不安感对一般人来说，事过之后就会消失。但如果有人把这种正常的反应视为病态，拼命地想消除，结果反而会使这种紧张感和不安感被固定下来，从而影响其正常的生活，形成了真正的神经症。

由于众所周知的原因，中国的英语学习者在众人面前讲英语时大多有紧张感。疯狂英语则能够让学习者在所谓的“疯狂”中不知不觉地消除紧张感，并同时完善其人格。

为了让大家更好地了解疯狂英语与森田疗法的不谋而合之处，现作如下比较：

森田疗法特点之一：不问过去，注重现在，引导患者把注意力放在当前，鼓励患者从现在开始，让现实生活充满活力和希望。而李阳的激励名言则大同小异：忘掉你遭遇的不幸，但不要忘记你的时来运转；忘掉你没有得以顺利实施的计划，但不要放弃你的梦想。

森田疗法特点之二：不问症状，重视行动，引导患者用积极的行动来改变性格，形成健康的人格。而李阳也同样认为：最简短的回答就是行动。与其诅咒黑暗，不如燃起蜡烛。

森田疗法认为：自信产生于努力之中。许多陷入完美欲中的人三思而再思，却不去行动，强调自己没有信心，认为有了信心才能去行动。这是荒谬的。当徘徊在做与不做之间时，就应该大胆去做，即使没有自信或有可能失败，也必须去行动。只要努力就可能成功。而疯狂英语提倡“疯狂”的理念正是要消除学习者因没有信心或害怕可能失败而产生的恐惧，使学习者在无拘无束的行动中找到自信，获得成功。

当然，森田疗法针对心理疾病患者，疯狂英语则针对正常人，其功用是完全不同的，但是二者之间存在的一些相通之处，却可以给我们很多人以启示。

最后，我们再欣赏几段疯狂英语的语录吧！

语录一

不要等机会找上门的时候才去想要提高自己的素质，还不知道机会在何方的时候，就要去疯狂建立自己的实力和素质！不要抱怨没有机会，关键在于，不要当机会降临的时候，却因没有能力把握而后悔！不要抱怨没有语言环境和用英语的机会，当有语言环境和机会的时候，已经为时太晚！现在已经不是犹豫应不应该学好英语的时候了，而是到了竭尽全力彻底攻下英文堡垒的时候！“长痛不如短痛”，现在就开始学一句算一句，学一句顶十句！（点评：重视行动，赶快行动！）

语录二

无论是多么快乐还是多么痛苦，都将成为回忆！如果让我作出选择，我将会义无反顾地选择痛苦和磨练，因为快乐的时光稍纵即逝，而我还是以前的我。但痛苦使我获得更高的提升，使我获得更加自由的快乐！（点评：接纳痛苦，痛苦就会减轻。）

语录三

我希望自己明天的快乐比今天的快乐更有意义、更高层次！今天我牺牲假期，没有去旅游，而在刻苦攻读英语，因为我坚信我正在增加自己的挑战力，为将来的国际度假做准备。我知道我的明天一定与今天不一样。（点评：用明天的生活来激励今天的行动。）

语录四

人生一共有十八顿美餐，年轻的时候浪费完了，老年的时候将境遇悲惨！所以请享受你现在的任何痛苦，你所付出的一切一定会得到幸福的回报。无法舍弃小快乐的人，是不会得到大快乐的！人和人之间的差距就是由多一点的自律、多一点的决心和多一点的牺牲所拉开的！（点评：要看到痛苦的价值和意义！）

语录五

感谢失败！人生乃是失败与成功的交织，表面上你失败了，但实际上你并未失败，因为你积累了更多的智慧和经验！感激失败，痛定思痛，用生活淬出的智慧和百折不挠的奋斗力去创造你的辉煌！（点评：要看到失败背后的成功。）

4 我们都是变色龙

提起变色龙，我们马上就会想到俄国作家契诃夫的著名短篇小说《变色龙》。故事的主人公——警官奥楚蔑洛夫在处理小猎狗咬人事件时，一会儿说它是疯狗，是下贱胚子，是野狗，要弄死这条狗；一会儿又说它是名贵的狗，怪伶俐的，说被咬的赫留金是被钉子弄破手的，是想得到一笔赔偿费，并且还威胁赫留金："我早晚要收拾你！"在不多的几次对话中竟然"变色"五次。当然，小说艺术一般都具有夸张性。现实中是不是真的有这种变色奇迹发生，我们还不得而知。

奥楚蔑洛夫"变"的是态度——依狗的主人不同而变；奥楚蔑洛夫"不变"的是见风使舵、媚上欺下、趋炎附势的本性。当然，这种本性也是他——一个沙皇爪牙的生存方式。

现在，"变色龙"成了世界文学宝库中不可多得的人物形象，这一名词已成为见风使舵、狡猾善变的小人的代名词。

奥楚蔑洛夫是人类社会的变色龙，而自然界的变色龙是蜥蜴的一种。自然界的变色龙变的是皮肤的颜色——它可以随四周物体颜色的改变而随时改变自己的体色，不变的则是想尽一切办法生存下去。

曾有学者指出：被称为"众经之首"的《易经》，其命名就来源于"蜴"，也就是来源于变色龙。《说文解字》解释说："易，蜥易、蝘蜓、守宫也。象形。"即"易"为蜥蜴之类，主取"变"之义。如果我们去掉"变色龙"这个词的贬义色彩，而从中性的角度理解它，我们就会发现，其实，在人类社会中，我们每一个人都是变色龙，因为

宇宙之大道就在于“变”。只不过，不同的人，其变色的原则会不同而已。

在小说《变色龙》中，警官奥楚蔑洛夫“变色”的原则是欺压弱势的老百姓，而极力维护权贵的利益。我们在生活中也会随时随地而“变”，但我们“变”的原则应该是使人际关系更和谐，使社会更美好。

那么我们在人际关系中应该如何“变色”呢？

首先，针对不同的人，我们要用不同的身份来与之互动。这就是我们常说的角色转换。比如，同学们在爸爸妈妈面前是孩子，可以撒娇。但到了学校，在老师面前就是学生了，必须注意师生之间的礼节——和老师说话不可以像在家里一样随便。要想从孩子角色转换成真正的学生角色，就必须“变色”。也许，你会说：我才不像变色龙一样虚伪呢！我在家里如何对待父母，在学校就如何对待老师。如果真的这样，我们就可以说，你还不是一个真正的社会人，也就是还没有真正实现“人的社会化”。再比如，你在老师面前是学生，需要听从老师的安排。你同时又是一个班长，当老师离开之后，你就需要从一个被领导的角色转变为领导者的角色，并且要像变色龙一样迅速地转换角色。只有这样，师生关系、同学关系才能和谐而美好。如果你总认为自己是学生，老师走了之后也不履行班长的职责；或者，你总认为自己是班长，老师到了教室，你还不停地发号施令，不能迅速转换为学生角色，这两种情况都不利于和谐班集体的建设。

其次，针对同一个人，我们有时也需要“变色”。还是以面对老师为例。在课堂上，我们面对老师要庄重得体，不可随意发话；下课后，面对老师，我们可以稍微随意一点，还可以和老师说说笑话什么的。这样“变色”才能确保师生关系融洽。再以面对好朋友为例。当好朋友遇到挫折的时候，你可以“变色”为一个善解人意的倾听者；当好朋友获得成功的时候，你可以“变色”为一个热情的分享者；当好朋友感到迷茫的时候，你还可以“变色”为一个睿智的思想者，和他一起探讨人生的真谛。

同学们，学一点“变色”的艺术吧！“变色”让我们更成熟，也让我们的生活更美好。

第二章

爱情无价

1《致女儿的信》：爱情的本质是美和力量

《致女儿的信》是苏联教育家苏霍姆林斯基在女儿刚刚进入青春期的时候写给女儿的信。在信中，他以一个朋友的身份和女儿平等地探讨爱情的本质，帮助女儿建立正确和理性的爱情观，是一篇难得的关于爱情心理和爱情伦理的美文。其中一封信被选入了人教版初中语文教材之中。

爱情究竟是什么呢？

爱情是一种美——心灵融合之美。作者在文中写道：“男人和女人一会儿望望天空，一会儿你看看我，我看看你，相互传情。”眼睛传情其实就是心灵在交流、在融合啊！

爱情是一种力量——创造的力量。这种力量不仅可以创造一个新的生命，而且可以创造出一个新的世界。文中写道：“刚过了一年，上帝带着大天使加夫里拉来了。那正是清晨，太阳升起来的时候。他看到窝棚旁坐着一个男人和一个女人。他们面前的田地里是一片成熟的谷物。而在他们旁边放着一只摇篮，摇篮里躺着熟睡的婴儿。”“成熟的谷物”代表的是爱情创造的世界，而“熟睡的婴儿”代表的则是爱情创造的生命。

这种力量可以说是美的力量，而这种美也可以说是力量的美。美和力量相得益彰，这就是爱情的本质。

但是，如何才能将爱情的美和力量延续下去直到永远呢？唯一的途径就是相互忠诚。文中写道：“原来有窝棚的地方已盖起一幢圆木造的房子，荒地变成了果园，地里一片见黄色的麦穗，几个儿子在耕地，女儿在收麦子，孙子们在草地上嬉戏。老头儿和老太婆坐在屋前，时而望望红艳艳的朝霞，时而你看看我，我看看你，相互传情。上帝在这对男女的眼中看到了无与伦比的美和更大的力量，其中还含有一种新东西。”这新的东西就是“忠诚”。忠诚不是说出来的，而是用行动表现出来的，是需要漫长的时间来检验的。在作者的童话故事里，那对夫妻用了五十多年的时间来验证他们的忠诚。在爱情的世界里，忠诚是比钻石还要珍贵的东西。唯有忠诚可以将爱情的美和力量永远延续下去，直到地老天荒……

“心灵的追念”则是爱情永恒的标志。文中写道：“有个男人坐在小土丘上。他的一双眼睛充满忧郁悲伤的神情，但目光中却仍然使人感到一种不可理解的美和那种同过去一样的力量。这已经不仅仅是爱情和忠诚了，还含有别的东西。”这“别的东西”就是“心灵的追念”。正是这份心灵的追念，让爱情超越生死成为永恒；也正是这份心灵的追念，让人成为大地上的上帝！

所以，爱情的本质是美，是力量，是忠诚和心灵的追念。

2《致橡树》：什么是真正成熟的爱情？

苏霍姆林斯基在《致女儿的信》中告诉我们：爱情的本质是美和力量，是忠诚，是心灵的追念。

现在的问题是，在苏霍姆林斯基笔下如此美好的爱情，为什么在现实中那么不容易实现呢？为什么有那么多人在爱情的海洋中苦苦挣扎？为什么有人对爱情彻底绝望呢？为什么有人要用玩世不恭的态度面对爱情呢？

是苏霍姆林斯基欺骗了我们吗？是他同时也欺骗了自己的女儿吗？

当然不是！这一切都是因为我们很多人并不明白什么是真正成熟的爱情。

什么才是真正成熟的爱情呢？当代著名诗人舒婷在她的代表作《致橡树》中明确地告诉我们：真正成熟的爱情必须是平等的，是彼此独立的。

《致橡树》一诗通过拟物化的艺术手法，用木棉树的内心独白，热情而坦城地向橡树表达自己的人格理想以及要求比肩而立、各自独立又深情相对的爱情观。这首诗一诞生，橡树和木棉，就成为我国爱情诗中一组品格崭新的象征形象。这组形象的树立，不仅否定了老旧的青藤缠树、花叶依风的爱情描写模式，同时也超越了牺牲自我偏重于给予的爱情模式，完美地体现出富于现代人文精神的爱情品格。

诗篇一开始就用了两个假设和六个否定性比喻，表达自己的爱情观：

如果我爱你——
绝不像攀缘的灵霄花，
借你的高枝炫耀自己；
如果我爱你，
绝不学痴情的鸟儿，
为绿荫重复单调的歌曲；
也不止像泉源，
终年送来清凉的慰藉；
也不止像险峰，
增加你的高度，
衬托你的威仪。
甚至日光。
甚至春雨。

现在，我们就来分析一下这六个否定性比喻代表的是什么样的爱情观吧！

第一类就是“青藤缠树式”的爱情观，其意象是“攀缘的灵霄花”。这类人因为在爱情中过分依赖对方，所以特别害怕失去对方，会紧紧地缠住对方。而他/她越是害怕失去对方，他/她就越会失去对方。在爱情中，对恋人适当的依赖是必须的，有好处的，但过度依赖对方则是他/她没有足够力量支撑自我人格的表现。过度依赖不仅会限制自己的成长，也容易让对方感到疲惫。一旦对方忽视了他/她，他/她就会觉得自己没有获得相应的回报，从而产生痛苦感和挫折感，并开始埋怨对方。埋怨多了，爱情就变味了。

第二类就是把一厢情愿当永恒，追求虚幻满足的爱情观，其意象是“痴情的鸟儿”。一厢情愿的爱，就是我们常说的单相思。单相思的人爱的大多不是一个实际存在的人，而是他/她心中的梦想。或者说，他/她所爱的那个人不过是他/她梦想的载体而已。心理健康有一个重要的指标，即一个人区分现实与虚幻的能力。这个能力的强与弱可以显示一个人心理健康的水平。而青少年由于心理发育还不够成熟，其区分现实与虚幻的能力相比于成年人会低一些。因此，青少年在爱情的朦胧期常常会将自己虚构的恋人形象投射到自己喜欢的异性身上。因为他/她爱的并不是真实的对象，当然也不可能得到真实的爱啊！唯有走出自我，才能获得心灵真正的成长，为自己的幸福打下坚实的根基。

第三类就是牺牲自我，单方面奉献的爱情观，其意象是给对方带来慰藉的“泉源”、提高对方地位的“险峰”、给对方带来温暖的“日光”以及滋润对方的“春雨”。作为女性，诗人也默认应该具有脉脉含情的体贴和温柔，但又认为不能仅仅停留在这种情意绵绵的状态。她承认铺垫和衬托能使对方的形象更加出众和威武，但又觉得这并不是真正的永恒的爱情。永恒的爱情一定是彼此关爱、相互支持的，而不是单方面付出——单方面奉献的爱情是无法长久的。

为了爱，自己应奉献出“日光”般的温暖，应倾泻出“春雨”般的情意，但她并不满足于这些：“不，这些都不够！我必须是你近旁的一株木棉，作为树的形象和你站在一起。”她不当附属品，她不想只成为对方的陪衬和点缀，她必须和对方站在同等的位置。

读到这里，我们会忽然发现，舒婷笔下的木棉树形象和十九世纪英国著名女作家夏洛蒂·勃朗特笔下的简·爱形象是何其相似啊！

“你难道认为，我会留下来甘愿做一个对你来说无足轻重的人？你以为我是一架机器？——一架没有感情的机器？能够容忍别人把一口面包从我嘴里抢走，把一滴生命之水从我杯子里泼掉？难道就因为我一贫如洗、默默无闻、长相平庸、个子瘦小，就没有灵魂，没有心肠了？——你不是想错了吗？——我的心灵跟你一样丰富，我的心胸跟你一样充实！要是上帝赐予我一点姿色和充足的财富，我会使你同我现在一样难分难舍，我不是根据习俗、常规，甚至也不是血肉之躯同你说话，而是我的灵魂同你的灵魂在对话，就仿佛我们两人穿过坟墓，站在上帝脚下，彼此平等——本来就如此！”同学们是不是觉得简·爱的这段对白和木棉树的内心独白极其神似？

诗人接着写道：“你有你的铜皮铁干，/像刀、像剑，/也像戟；我有我的红硕花朵，/像沉重的叹息，/又像英勇的火炬。”显然，木棉深深懂得她和橡树各自的特点和价值。他们双方不能互相取代，而应充分发挥各自的特长。在这里，她毫不掩饰地颂赞橡树的男性美和阳刚气概——豪迈挺拔、锋芒毕露；也对女性的柔韧气质作了赞美：那丰硕的红花不正是青春美和女性美的标志吗？可是，木棉的朵朵红花为何又像“沉重的叹息”？这叹息声带着旧时代痛苦的伤痕——在长达几千年的封建社会里，有多少女性为了实现自己在爱情与婚姻中的价值而苦苦挣扎啊！这沉重的叹息是那么真实，以至于把它掷之于地，便会溅出泪渍和血斑！

诗人在最后写道：“仿佛永远分离，/却又终身相依。/这才是伟大的爱情，/坚贞就在这里：/爱——/不仅爱你伟岸的身躯，/也爱你坚持的位置，足下的土地。”

“仿佛永远分离，却又终身相依。”这，就是爱情的最高境界！这，就是真正成熟的爱情！这，才是促进彼此成长的爱情！

3 《诗经·关雎》：完美爱情四部曲

原文欣赏：

关关雎鸠，在河之洲。窈窕淑女，君子好逑。
参差荇菜，左右流之。窈窕淑女，寤寐求之。
求之不得，寤寐思服。悠哉悠哉，辗转反侧。
参差荇菜，左右采之。窈窕淑女，琴瑟友之。
参差荇菜，左右芼之。窈窕淑女，钟鼓乐之。

心理解码：

孔子说：“《诗》三百，一言以蔽之，曰：‘思无邪’。”是不是诗经中所有的篇目都“思无邪”？这个问题还有一定的争议，然而诗经第一篇《关雎》却是地地道道的“思无邪”。

在风和日丽的大好时节，有鸟唱和，有水潺潺，还有美丽窈窕的淑女，这怎能不叫君子动心？值得注意的是，那时“君子”一词并无太多的道德味道，意思可能和今天的“帅哥”、“男子汉”差不多。

而这两只雎鸠鸟来得正是时候，真是一派天然，自然成趣。真

不知是人心因鸟鸣而醒，还是鸟因人而鸣啊！不管是谁因谁而起，这都是一幅美丽的图画。

可是思念的人儿一直没有出现在自己的面前，这该怎么办？是急切地跑到心上人的面前表白自己，还是忍耐和克制？“君子”选择了忍耐和克制。“辗转反侧”写的就是爱情的克制之美。如果“君子”任感情泛滥，不加以适当的克制，感情就会失去美感，而变成简单的欲望满足了。孔子评价《关雎》是“乐而不淫，哀而不伤”，说的就是感情（包括快乐，也包括悲伤）的克制之美。正是因为有所克制，爱情的花朵才会长久开放。没有克制，我们还来不及欣赏爱情的美，爱情就如昙花一般消失了。

对于同学们来说，体验爱情的克制之美就是把自己的那份少男少女的情怀珍藏在心底，而不要过早地将它公布于众；就是要耐心地等待青春的苹果慢慢成熟，而不要过早摘下青涩的果实。

在恋爱中，克制很重要，但光有克制，还不是爱情，最多不过是单相思。在克制之后，还要有所行动，有所追求。“君子”在克制之后选择了有礼有节的追求方式。“琴瑟友之”、“钟鼓乐之”的描写，我们既可以理解成君子的追求方式，也可以理解为他追求到心上人之后的庆贺方式。用符合“礼”的方式表达自己的爱，用高雅的音乐使她快乐。这种追求方式体现的是爱情中的“礼乐之美”，是古代儒家思想在爱情中的体现。

当然，现代人不一定要像古人那样，弹琴奏瑟、敲钟打鼓地来表达爱情，但我们在爱情中必须遵守起码的礼节规范，不违背对方的意志，不鲁莽行事。

虽然贯穿《关雎》一词中的是封建社会儒家的婚姻道德观，但对我们现代人也有很好的借鉴意义。

4《诗经·蒹葭》：爱的幻觉是把双刃剑

原文欣赏：

蒹葭苍苍，白露为霜。所谓伊人，在水一方。
溯洄从之，道阻且长。溯游从之，宛在水中央。
蒹葭萋萋，白露未晞。所谓伊人，在水之湄。
溯洄从之，道阻且跻。溯游从之，宛在水中坻。
蒹葭采采，白露未已。所谓伊人，在水之涘。
溯洄从之，道阻且右。溯游从之，宛在水中沚。

心理解码：

《蒹葭》是秦地的民歌，是一首爱情诗，写的是恋爱中一个痴情人的心理感受，十分真实、曲折、动人。“蒹葭”是荻苇、芦苇的合称，皆水边所生。“蒹葭苍苍，白露为霜”，描写了一幅秋苇苍苍、白露茫茫、寒霜浓重的清凉景色，烘托出主人公此时此景的心情。“伊人”在此处指主人公朝思暮想的意中人。眼前本来是秋景寂寂，秋水漫漫，什么也没有，可由于牵肠挂肚的思念，他似乎遥望见意中人就在水的那一边，于是想去追寻她，以期欢聚。“溯洄从之，道阻且长。”主人公沿着河岸向上游走，去寻求意中人的踪迹，但道路上障碍很多，很难走，且路途迂曲遥远。“溯游从之，宛在水中央。”那就顺流而下去寻找她吧！但无论他经过多少艰难，总到不了她的身边。她仿佛永远在水的中央，可望而不可即。这几句写的是主人公的幻觉：眼前总是浮动着一个迷离的人影，似真不真，似假不假，不管怎么追求，总无法接近她，如同面对海市蜃楼一般。他只有一个人在水边徘徊往复，神魂不安。诗歌勾勒的是一种朦胧的意境，描写的是一种痴迷的心情，笼罩的是一片迷茫与感伤的情调。后面两章只换少许字词，反复咏唱，起反复渲染的作用。

《蒹葭》一诗最主要的艺术特色就是利用幻觉来表达人物内心强烈的情绪和情感。“所谓伊人，在水一方”，这是主人公第一次出现幻觉，明明看见对岸有个人影，可是怎么走也走不到她的身边。“宛

在水中央”，这是他第二次出现幻觉，明明看见心上人又出现在前面流水环绕的小岛上，可是怎么也到不了她的身边。那个倩影，一会儿“在水一方”，一会儿“在水中央”；一会儿在岸边，一会儿在高地。虽然这些不过是幻象而已，但主人公还是不顾一切去追寻他的心上人。全诗正是通过主人公痴情的幻觉传达出他对心上人的强烈感情。而幻觉的模糊与迷茫，则增加了诗歌的朦胧美。

幻觉描写在文学作品中往往具有极强的艺术感染力。很多文学家都十分偏爱这一手法。同学们在写作中也可以借鉴这种手法。

同时需要提醒的是：在现实生活中，我们切莫沉迷幻觉！如果不小心进入了幻觉，则必须及时从幻觉中回到现实中来，因为幻觉往往是心理不平衡、心理异常甚至是心理疾病的表现。偶尔出现幻觉，我们不必太在意；如果经常出现幻觉就应该引起重视；如果幻觉严重到影响工作、学习和生活，则需要找心理医生做必要的心理治疗。当然，有些幻觉出现之后，我们自身是无法察觉的。如果有人出现幻觉之后，自身无法察觉，即便别人指出这是幻觉，他自己也不承认是幻觉，那么，这个人就可能患了相当严重的精神疾病（如精神分裂症）。例如，根据真人真事改编的美国电影《美丽心灵》中的主人公（也就是获诺贝尔经济学奖的数学家约翰·福布斯·纳什）在患上妄想型精神分裂症之后，始终不肯承认自己是生活在幻觉之中。不管心理医生如何引导他看清自己的幻觉，他都予以排斥，甚至认为心理医生是在迫害他。后来，因为幻觉而和妻子发生冲突之后，他忽然发现，自己看到的那个小女孩竟然几十年没有丝毫的变化，一点也没有长大。这时他才开始领悟到，自己确实一直生活在幻觉中。当他意识到自己的幻觉，并学会与自己的幻觉“和平相处”的时候，他才在妻子爱的光芒中开始了自己的康复之路——因为精神分裂症的幻觉不是一般意义上的幻觉，想根除几乎是不可能的。

第三章

友情无敌

1《论友谊》

心理解读

原文欣赏：

有些人之所以宁愿孤独，是因为在没有友谊和仁爱的人群中生活，那种苦闷正犹如一句古代拉丁谚语所说的：“一座城市如同一片旷野。”人们的面目淡如一张图案，人们的语言则不过是一片噪音，使得人们宁可逃避也不愿进入了。

由此可以看出，人与人的友情对人生是何等重要。得不到友谊的人将是终身可怜的孤独者。没有友情的社会则只是一片繁华的沙漠。因此那种乐于孤独的人，其性格不是属于人而是属于兽的。

当你遭遇挫折而感到愤闷抑郁的时候，向知心挚友的一席倾诉可以使你得到疏导。否则这种积郁会使人致病的，医学告诉我们，“沙沙帕拉”可以理通肝气；磁铁粉可以理通脾气，硫磺粉可以理通肺气，海狸胶可以治疗头昏。然而除了一个知心挚友以外，却没有任何一种药物是可以舒通心灵之郁闷的。只有对于朋友，你才可以尽情倾诉你的忧愁与欢乐，恐惧与希望，猜疑与劝慰。总之，那沉重地压在你心头的一切，通过友谊的肩头而被分担了。

……

毕达哥拉斯曾说过一句隐秘的格言——“不要损伤自己的心”。

确实，如果一个人有心事却无法向朋友诉说，那么他必然会成为损伤自己心的人。实际上，友谊的一大奇特作用是：如果你把快乐告诉一个朋友，你将得到两个快乐；而如果你把忧愁向一个朋友倾吐，你将被分掉一半忧愁。所以友谊对于人生，真像炼金术士所要寻找的那种“点金石”。它能使黄金加倍，又能使黑铁成金。实际上，这也是一种很自然的规律。在自然界中，物质通过结合可以得到增强。而人与人难道不也是如此吗？

如果以上所说已证明友谊能够调剂人的感情的话，那么友谊的又一种作用则是能增进人的智慧。因为友谊不但能使人走出暴风骤雨的感情世界而进入和风细雨的春天，而且能使人摆脱黑暗混乱的胡思乱想而走入光明与理性的思考。这不仅是因为一个朋友能给你提出忠告，而且任何一种平心静气的讨论都能把搅扰着你心头的一团乱麻，整理得井然有序。当人把一种设想用语言表达的时候，他也就渐渐看到了它们可能招来的后果。有人曾对波斯王说：“思想是卷着的绣毯，而语言则是张开的绣毯。”所以，有时与朋友作一小时的促膝交谈可以比一整天的沉思默想更能令人聪明。

其实即使没有一个能对你提出忠告的朋友，人也可以通过语言的交流而增长见识。讨论犹如砺石，思想好比锋刃。两相砥砺将使思想更加锐利。对一个人来说，与其把一种想法紧锁在心头，倒不如哪怕把它倾吐给一座雕像，也是多少有点益处的。

赫拉克利特曾说过：“初射之光最亮。”但实际上，一个人自身所发出的理智之光，是往往受到感情、习惯、偏见的影响而不那么明亮的。俗话说：“人总是乐于把最大的奉承留给自己。”而友人的逆耳忠言却恰好可以治疗这个毛病。朋友之间可以从两个方面提出忠告，一是关于品行的，一是关于事业的。

就前者而言，朋友的良言劝诫是一味最好的药。历史上的许多人，往往由于在紧要关头听不到朋友的忠告，而做出后悔莫及的错事。人尽管也可以自己规诫自己，但毕竟如圣雅各所说：“虽然照过镜子，可终究是忘了原形。”

就事业而言，有些人认为两双眼睛所看到的未必比一双眼睛见到的更多，或者以为一个发怒的人未必没有一个沉默的人聪明，或者以为毛瑟枪无论托在自己臂上放，还是支在一个支架上放，会打得一样准——总之，认为有没有别人的帮助结果都一样。这些话其实是十分骄傲而愚蠢的说法。在听取意见的时候，有人喜欢一会儿问问这个人，一会儿又问问那个人。这当然比不问任何人好。但也要注意，在这种情况下会有两种危险：一是这种零敲碎打来的意见可能是一些不负责任的看法，因为最好的忠告只能来自诚实而公正的友人。另外，这些不同源泉的意见还可能会互相矛盾，使你莫衷一是，不知所从。比如你有病求医，这位医生虽会治这种病却不了解你的身体情况，结果服了他的药这种病虽然好了，却又使你得了另一种新病。所以最可靠的忠告，也还是只能来自最了解你事业情况的友人。

友谊对于人，除了以上所说这些益处之外，还有许多其他方面的益处，多得如同一个石榴上的果仁，难以一一细数。如果一定要说的话，那么只能这样说：只要你想想一个人一生中有多少事务是不能靠自己去做的，就可以知道友谊有多少种益处了。所以古人说：朋友是人的第二个“我”。这句话的容量其实还不够，因为朋友的作用比这又一个“我”要大得多！

心理解码：

培根在本文中重点论述了友谊的三大益处：调剂感情、增进智慧、帮助我们解决一些人生的问题。

调剂感情实际就是现代心理学所说的情绪管理。培根写道：“除了一个知心挚友以外，却没有任何一种药物是可以舒通心灵之郁闷的。只有对朋友，你才可以尽情倾诉你的忧愁与欢乐，恐惧与希望，猜疑与劝慰。总之，那沉重地压在你心头的一切，通过友谊的肩头而被分担了。”在文章中，培根充分论述了友谊在我们情绪管理中的巨大作用：虽然朋友并不能保证我们时刻生活在快乐中，但是没有朋友是很难快乐的！

“如果你把快乐告诉一个朋友，你将得到两个快乐；而如果你把忧愁向一个朋友倾吐，你将被分掉一半忧愁。”培根这句被广泛传播的名言说的正是友谊调剂情感的作用。

在友谊增进智慧方面，培根写道：“有时与朋友作一小时的促膝交谈可以比一整天的沉思默想更能令人聪明。”之后，他又从品行与事业两方面论述了友人的逆耳忠言是多么重要。

我们中国人常说：在家靠父母，出门靠朋友。“靠朋友”就是说朋友能帮我们解决一些问题，帮我们办某些事情。培根则认为，朋友不仅能在我们的有生之年帮我们完成许多我们无法完成的事情，还能在我们身后完成我们未完成的心愿，我们会因为这样的朋友而获得又一次生命。

以上三个方面，正好构成了心理现象中的心理过程，即“认知”、“情感”和“意志”。“增进智慧”就是一个人的认知过程；“调剂感情”就是一个人的情感过程；而“解决问题”就是一个人的思维付之行动的过程，属于意志的范畴。

培根生活在16～17世纪，而心理学在19世纪后期才开始诞生。1879年，德国的冯特在莱比锡大学建立了世界上第一个心理学实验室，这是心理学诞生的标志。培根对友谊作用的论述在理论框架上与现代心理学如此吻合，这不能不说是一件了不起的事情。

当然，心理现象并不仅仅包括心理过程，还包括个性心理。个性是心理过程中表现出来的具有个人特点的、稳定的心理倾向和心理特征，如需要、兴趣、动机、态度、观点、信念、性格、气质、能力等，都是心理现象的静态表现形式。

那么，友谊会不会对人的个性产生影响呢？虽然培根没有论述，但影响肯定是存在的。比如，长期和性格内向的朋友相处，我们也会变得有些内向；而和性格开朗的朋友长期相处，我们就会变得开朗起来。还有，和志趣高雅的朋友长期相处，我们就会在潜移默化中培养一些高雅的志趣；而和低俗的朋友在一起，我们就很可能开始对某些低俗的事情感兴趣。

可见，朋友虽然重要，但交朋友也不能太随意。同学们要多交益友，不交损友——也就是对自己有害、对自己的品行产生不良影响的朋友。这是同学们需要注意的。

2 友谊与竞争

有这样一个关于友情的故事：

两个朋友一起在北极探险，不料，在返回途中他们迷路了，身陷冰谷。

天气仿佛忽然间变得恶劣无比，寒风像刀子一样刮着。他们知道，如果不尽快回到宿营地，即使不被饿死、渴死，也会被冻死。好在，两个人都同样有着钢铁般顽强的毅力，他们坚定地寻找着出路。

意外的情况发生了。由于滞留时间过长，加之天气也实在太冷，两个人随身携带的水壶都上冻了，水，变成了冰。长途跋涉，疲惫不堪之际，一口水就是救命水！终于，其中的一人因无法忍受饥渴，昏倒了！

另外一个人感觉到死神在向他们袭来。望着昏倒的同伴，他的心激烈地跳动着。就在他差点流出绝望的泪水的时候，一个念头忽然灵光般闪进他的脑海。他果断地把水壶揣进怀里，贴近胸口，然后，毅然背起同伴上路了。之后，他把带着体温的水一口一口地送进同伴的嘴里。同伴醒来了，他却由于疲劳和寒冷倒下了。

同样的，他的同伴也把水壶揣进自己的怀里，然后也背起他，

继续前行。两个人最终都活着走了出来，他们胜利了！

在当时的情况下，如果两个人中的任何一个存有自私之心，他们就极有可能一齐被死神掳走。

这个故事告诉我们：友情就像那纯洁而透明的水，它会在你最艰难、最困顿的时候，支撑着你走出人生的冰谷。

当我们为了同一个目标而奋斗的时候，友谊很容易就来到我们身边，因为同一个目标会在无形之中将我们团结在一起。比如，同一个篮球队的同学在比赛中因为向着同一个目标奋斗就很容易感受到彼此的友谊。

可是，当两个人的目标发生冲突的时候，友谊是不是还能常驻彼此的心间？比如，两个人是同一个班的好朋友，现在，有一个市三好学生的评选指标。一个人参加评选，另一个人就会失去资格。这时候，我们该如何让友谊保持原来的颜色？公平竞争是一种很好的方法。在公平竞争中，友谊不仅不会变色，反而会变得更加纯洁和美好。

在同学们中间常常会有一个误区，以为友谊和竞争是相互排斥的。其实不然。友谊和竞争常常是相互促进的。光有竞争没有友谊，人生会何等寂寞！光有友谊没有竞争，友谊也会变得乏味起来。

既相互帮助，又相互竞争。这样的友谊才具有生机和活力。

最后，我们再回到开头的故事。

在刚到北极探险的时候，两个好朋友有没有竞争？有，肯定有的。比如竞争看谁走得快，竞争看谁能忍受寒冷饥饿，等等。这种竞争对友谊是有促进作用的。而后来，死亡的威胁来了，两个好朋友就只有相互帮助而没有竞争了。如果他们还继续竞争，看谁第一个摆脱死亡的威胁，那么，他们都会失去生存的希望。正是友谊，

正是牺牲自己以保护对方的精神让他们成为一个整体，给了他们战胜死亡的力量——因为两个人“合二为一”绝不是一加一等于二的简单相加，而是远大于二的力量融合。

所以，朋友之间的竞争也是有原则的：什么地方该竞争，什么时候可以竞争，什么地方不该竞争，什么时候不可以竞争，该如何竞争，这些都是同学们必须思考的问题。只有把这些问题思考清楚了，友谊的甘泉才会永远流淌在我们心中！

3《送元二使安西》和《别董大》(其一):前路有无知己

在唐代,有两首非常著名的送别诗,那就是王维的《送元二使安西》和高适的《别董大》(其一)。

送元二使安西

渭城朝雨浥轻尘,客舍青青柳色新。
劝君更尽一杯酒,西出阳关无故人。

别董大(其一)

千里黄云白日曛,北风吹雁雪纷纷。
莫愁前路无知己,天下谁人不识君?

比较这两首送别友人的诗,我们会发现一个十分有趣的现象。这两首诗都是前两句写景,后两句抒情。在写景中,两首诗都突出了颜色的作用,在抒情中都表达了对友人前途的看法。不过,两首诗描写的景色正好相反,对友人前途的看法也截然相反:一个在乐景中发出"西出阳关无故人"的感伤之言,一个于哀景之中传达出"莫愁前路无知己"的积极人生态度。景色与人生态度虽然不同,但都是出于对友人的牵挂,是对友人深情的表达。

在《送元二使安西》中，王维描绘了一幅色调清新明朗的雨后图景：早晨的雨，下的时间不长，刚刚润湿尘土就停了。渭城的大道上，平日车马交驰，尘土飞扬，而现在，朝雨乍停，天气晴朗，道路、房屋都显得洁净、清爽。路旁的柳树也被洗去灰蒙蒙的尘雾，显现出它那青翠的本色。

在这两句写景的文字中，“浥轻尘”的“浥”字用得非常有分寸。“浥”是湿润的意思，显出这雨湿尘而不湿路，恰到好处，仿佛天从人愿，特意为远行的人安排一条轻尘不扬的道路。“青青”、“新”等词语声韵轻柔明快，带给读者十分美好的感受。

可是，在这样一幅快乐美好的图画中，作者表达的感情却是忧伤的：“劝君更尽一杯酒，西出阳关无故人。”这是劝说即将离别的朋友再痛饮一杯充满深厚情意的饯行酒，因为走过敦煌西南边的阳关后，在人烟稀少的旅途中，是很难再见到亲朋好友的。当然，也有少数人认为“西出阳关无故人”的意思是：待你将来西出阳关凯旋而归的时候，恐怕已不能再看到我了！可不管是哪种解释，诗人内心的悲伤却是明显的。

我们再来欣赏一下高适的《别董大》（其一）。

诗人送别的对象董大是当时著名的琴师董庭兰。当时诗人和董大的境况都不佳，都处于一种贫贱的境遇之中，正所谓“同是天涯沦落人”。诗人起笔便采用白描的手法写眼前景物：呼啸的北风，遮天蔽日的千里黄沙，昏黄的阴云，原本明媚耀眼的太阳此时也暗淡无光。大雪纷纷扬扬地飘落着，成群结队的大雁在风雪之中艰难飞行。这些都渲染了一个荒凉、凄寒、落寞的送别背景。诗人在这样的环境中，送别这样一位身怀绝技却无人赏识的音乐家，复杂的别离心绪可想而知。此两句虽是写景，内心之郁积、友情之深挚、别离之凄酸却溢于笔端。

诗的后两句“莫愁前路无知己，天下谁人不识君”是劝慰朋友：你此去不要担心遇不到知己，天下哪个不知道你董庭兰啊！话说得响亮，有力，于宽慰之中充满着激励，充满着信心和力量，朋友董大还有什么理由不去为自己的前途奋斗和抗争呢！此诗一反唐人赠别诗的那种凄清缠绵，表现了送别时刻的一种超乎寻常的昂扬和向上的精神。

同是赠别之诗，王维在“客舍青青柳色新”的咸阳古道中感受到的是“西出阳关无故人”，而高适却在“北风吹雁雪纷纷”的恶劣环境中想到了“天下谁人不识君”。两相比较，所写的节令分别是一春、一冬；天气各为一晴、一阴，一雨后，一雪中；而思想感情却一凄凉、一雄豪，反差是极为明显的。

这种反差其实是来源于两人迥乎不同的生活经历。

《送元二使安西》的作者王维出身仕宦家庭，凭着诗、画、乐兼备的非凡才能，出入王公贵族的门庭，颇受青睐。二十岁便中了进士，可谓少年得志。他感情细腻，孝顺母亲之余，深受母亲崇佛思想的影响。母子间、兄弟间、夫妻间的感情极为深厚，备受时人赞赏。然而在此之后，王维备受打击。先是被贬官外放；之后，又因为张九龄被逐出朝廷，而感到心灰意冷，前途无望——张九龄不仅是王维政治上的依靠，品格上的偶像，还是诗文上的相知。紧接其后的是安史之乱中被俘，迫于无奈接受了安禄山的封官，差点因此被朝廷以附逆治罪。再加上中年之时母亡妻丧，感情深受打击，精神趋于消极，开始了吃斋念佛、半官半隐的生活。

和王维少年得志晚年消极的经历相反，《别董大》（其一）的作者——边塞诗人高适则是少年历经磨难，而晚年功成名就。

高适幼年丧父，深知世事的艰辛。靠自己的勤奋苦学，终于练就了文武双全的本领，但直到四十九岁时，方才科考成功，据此也不过是获得了一个封丘县尉的微职。虽然他晚年官运亨通，直至封侯，但是，多年困顿生活的磨练以及自我奋斗的人生经历，足以使高适炼就了顽强拼搏的毅力、自强不息的精神和昂扬向上的人生态度。

最后值得一提的是，两位诗人所表达的情感虽然一个消极，一个积极，但他们的内心无疑都是和谐的：从《送元二使安西》的清新画面中，我们可以感受到王维内心的祥和；从《别董大》（其一）最后的两句抒情中，我们则可以感受到高适从苦难中获得新生的力量。

无论做人还是作诗，只要和谐，那么，积极是一种美，消极也是一种美，并不存在谁高谁低的问题。《送元二使安西》的后两句抒情虽然有些消极，但是前面的写景却让人感到欣慰和愉悦，所以这消极是“哀而不伤”，具有一种中和之美；《别董大》（其一）的前两句写景虽然有些凄凉，但是后面的抒情议论异军突起，一扫凄凉之气，给读者带来一股豪迈之气。而正是有了凄凉作铺垫，这豪迈才有了根基。也许，这就是两首诗都广为流传的原因吧！

4《送杜少府之任蜀州》：真正的友情超越时空

我们先欣赏一下唐朝诗人王勃的这首流传千古的作品：

城阙辅三秦，风烟望五津。
与君离别意，同是宦游人。
海内存知己，天涯若比邻。
无为在歧路，儿女共沾巾。

该诗是送别诗的名作，诗人慰勉朋友杜少府勿在离别之时悲哀。其中的“海内存知己，天涯若比邻”一句是歌颂友情的千古名句。

“城阙辅三秦”，意思是：关中一带的茫茫大野护卫着长安城，这一句说的是送别的地点。“风烟望五津”，意思是：远远望去，但见四川一带风尘烟霭苍茫无际。这一句说的是杜少府要去的处所。因为朋友要从长安远赴四川，这两个地方在诗人的感情上就自然发生了联系。诗的开头不说离别，只描画出这两个地方的形势和风貌。举目千里，无限依依，送别的情意自在其中了。

“与君离别意，同是宦游人。”其言外之意是：我和你同样远离故土，宦游他乡。这次离别，只不过是客中之别，又何必感伤！

如果说上面这两句宽慰的话还比较平常，只能起到些许安慰的作用，那么，后面的“海内存知己，天涯若比邻”则一扫送别时的伤感和悲伤，带来一股豪迈之气，让朋友不得不从伤感中走出来。远离分不开真正的知己，即使我们远隔天涯，也像是近邻一样。一秦

一蜀又算什么呢？因为真正的友谊是永恒的，是无所不在的，是不受时间限制和空间阻隔的。这是何等的乐观豁达！

结尾两句“无为在歧路，儿女共沾巾”是说：在这即将分别的岔路口，不要同那小儿女一般挥泪告别啊！这是以幽默的口吻嘱咐朋友，同时也是在勉励自己，是“海内存知己，天涯若比邻”这种豁达情怀的延续。

关于朋友，有人将它分为三个层次：一般朋友、好朋友、知心朋友。

一般朋友只是在你生命中的某个阶段出现。他们会和你共同经历某些事情，并给你一些力所能及的帮助。过了那个阶段，他们就会渐渐淡出你的视线。可是，将来的某一天，你会发现，他们已经成了你记忆中不可分割的一部分。他们虽然只是你的一般朋友，但却在你的生命中同样有着不可估量的意义。

好朋友是陪伴你走过某个重要时期、和你一起分享快乐分担忧愁的人。在这个重要的时期，正因为有了好朋友的陪伴与支持，你的人生才会显得如此辉煌；而失去了好朋友的陪伴，你的人生则会变得暗淡和寂寞。

知心朋友就是王勃在诗中的“知己”，是能和你终生相知相守的人。

如果说一般朋友比较容易找到，好朋友不大好找，那么，知心朋友则有点可遇而不可求的感觉，因为知心朋友之间不仅要相互支持，相互关心，还要心灵相通，即所谓“心有灵犀一点通”。知心朋友之间其实并不需要过多的语言，只需要一个眼神、一个动作，彼此就能相互理解和支持。所以，人们才经常会发出“人生得一知己足矣”的感慨。

有了知心朋友的陪伴，我们的内心就会变得强大，不再害怕孤独与寂寞。“海内存知己，天涯若比邻”不就是我们用友情战胜孤独寂寞的最好写照吗？

第四章

亲情无限

1 《羚羊木雕》：代沟该如何消除？

《羚羊木雕》是作家张之路的一篇微型小说，讲述的是子女和父母之间发生的一场小矛盾："我"把羚羊木雕送给了最要好的朋友万芳，父母发觉了，逼"我"去要回来，"我"迫于无奈，只好硬着头皮开口，让万芳把羚羊木雕还给"我"。"我"对朋友反悔了，伤心极了！

很多老师在上这一课的时候都喜欢组织学生辩论"羚羊木雕是否该要回来"。其中有位老师比较用心：他不仅组织了辩论，还在学生及家长中做了调查。

对学生调查的结果是：80%的学生认为"不该要回来"，其理由主要是：木雕虽贵必有价，友谊无价更珍贵；要回木雕是出于经济利益，必然会影响到友谊的纯净，友谊不能掺沙子。20%的学生认为"该要回来"，其理由主要是：友谊虽然珍贵，但是也不能让父母太难过，无奈之下只有要回来；友谊并不是靠珍贵的礼物来维持的，关键在于用心去沟通。

对家长调查的结果是：将近50%的家长认为"不该要回来"，他们的理由大致是：父母应该尊重孩子的友谊，孩子的成长离不开友谊的阳光；孩子不能因为父母的意见而违背对朋友的承诺，从而伤

害朋友；木雕送给了孩子，应该属于孩子私有，他有欣赏权和支配权。将近25%的家长认为“该要回来”，他们的理由是：把寄托了父母之爱的木雕转送给同学是不尊重父母、不理解父母的行为，好朋友固然重要，亲情同样可贵；木雕是从国外带回来的纪念品，非常昂贵，孩子是未成年人，还没有处置贵重物品的能力和权利。还有超过25%的家长没有表态。

该不该要回来？这是一个两难的问题，也是没有标准答案的问题。

其实，该不该要回来并不重要，重要的是亲子之间该如何沟通，是“我”——一个未成年的孩子该如何在亲情与友情的矛盾冲突中走向成熟，也是父母该如何与孩子一起成长。

父母与孩子的沟通过程就是消除代沟的过程。代沟消除了，父母和孩子真正沟通了，把羚羊木雕要回来还是不要回来，都会让孩子在这件事情中成熟起来，而不会给孩子造成什么负面影响。如果不能真正实现沟通，不管是要回来还是不要回来，都会令亲子关系紧张，对孩子的成长极为不利。

那么，父母发现孩子将如此珍贵的礼物送给同学之后，究竟该如何和孩子沟通呢？

在回答这个问题之前，我们先解释一下什么是代沟。

当孩子长到青少年阶段，亲子间就会发生一个新的现象，就是亲子间的世代隔阂。世代隔阂又称世代间的沟通问题（简称代沟），具体指的是父母上一辈与子女下一辈，发生在知识、思维、观念与态度上的差距。正是这些差距令沟通出现障碍。代沟现象在子女到了青春期前后，会变得比较明显。如果处理不当，就会招来亲子间的不悦甚至是情感上的冲突。

代沟产生的原因：

到了青春期的孩子，其认知能力有了很大的提高，思维方式也逐渐从过去的“具体运用”模式发展为“形式运用”模式，能以抽象的思维方式把握许多观念（比如友谊），并且喜欢用这些观念来批评权威者（如老师、家长等）。他们一般都会有很强的正义感，但还缺乏生活的实际经验，不会从多角度思考问题，不大了解事物的复杂性，总是把事情想得很单纯。比如《羚羊木雕》中的“我”在送好朋友礼物的时候，基本上就是感情用事，根本就没有想一想羚羊木雕这件礼物的特殊性——当然，父母没有把这件礼物的特殊性详细告诉孩子，也是父母的失误。

另一个原因就是进入青春期的孩子在心理上处于所谓的第二反抗期，想跟自己的父母或者其他保护者逐渐疏远。而疏远的方式之一就是采取反抗的心理，从而和老师、家长形成一定的对立。这种反抗在本质上是想独立的表现，但无形中增加了与上辈的隔阂。正由于这个时期的孩子想和父母、老师疏远，所以，他们就特别重视同伴关系（同学关系），也就把友谊看得特别重。

最后一个原因就是社会的原因。随着时代的进步、社会与文化习俗的变迁，每个时代的人都会接受不同的知识，并形成不同的人生价值观。价值观的差异也会令亲子之间出现隔阂。

了解了代沟形成的原因之后，父母就可以找到和孩子有效沟通的途径了。

针对第一种原因，父母要引导孩子学会从多种角度思考问题，这是一个漫长的过程，家长要有耐心，要允许孩子暂时的固执行为；针对第二种原因，父母要善于疏导孩子的反抗情绪，如果不能疏导孩子的反抗情绪，也应该暂时回避孩子的情绪爆发，切不可和孩子较劲；针对第三种原因，父母要主动调整自己，同时正确引导孩子树立健康向上的人生观，使孩子与父母的人生观、价值观基本保持一致。

具体到《羚羊木雕》这篇文章中的事情，父母可以这样与孩子沟通：

首先，父母要充分肯定孩子送礼物给好朋友的行为，承认这是懂感情、重感情的表现。这是理解孩子。

其次，父母要平静地向孩子介绍这件木雕的特别意义和珍贵价值以及失去木雕之后的心情。这是争取孩子的理解。

如果孩子有了想要回木雕的意思，父母就可以和孩子一起商量要回来的最佳方式以及要回来之后对万芳的补偿措施；如果孩子虽然对父母有些愧疚，但还是不肯要回木雕，这个时候，父母绝对不能逼着孩子马上要回来，至少要给孩子（也同时给自己）一定的缓冲时间。如果父母慢慢地接受了失去羚羊木雕的结果，事情也就过去了；如果父母还是不能接受这个结果，则可以将万芳请到家里来，暗示一下这件礼物的名贵，也许不需要开口，万芳就会主动将礼物归还呢！

总之，解决问题的方式有很多。无论用什么方式都绝不能简单粗暴地逼孩子违背承诺，让孩子有亵渎友情的感觉。否则，家长和孩子之间的鸿沟就会越来越深，深到彼此再也无法实现心灵的沟通。

上面说的都是父母如何与孩子沟通的问题，那么，孩子又该如何与父母沟通呢？

首先要正确认识自己，尽可能控制叛逆心理。适当的叛逆有利于同学们的成长，但过度的叛逆则会伤害自己甚至毁掉自己。对自己的叛逆没有一点察觉，则会让自己和父母之间的关系越来越僵。例如天冷了，小磊同学本来是打算加衣服的，就因为早上起床时妈妈对他说了一句“今天一定要加衣服”，他就偏不加了。结果，他不仅得到了感冒的“眷顾”，还承受了妈妈近一个月的唠叨：“你看你看，要你加衣服你不加，感冒了吧！”

其次，要虚心向父母学习。每个父母都会有缺点，会有一些过时的观点，但父母看问题的角度和方式是值得同学们学习的。特别是父母的人生经历非常值得同学们借鉴，可以让同学们少走许多人生的弯路。当同学们抱着学习的心态和父母沟通的时候，哪还存在什么代沟呢！

另外，还要注意完善自我。有很多同学都会嫌父母啰唆。可父母为什么啰唆？难道都是父母的问题？自己就不需要适当改变一下吗？学习能不能变得更主动一点？对人能不能更有礼貌一点？作决定的时候能不能和父母多商量一下？

最后，同学们还需要学习一些必要的沟通技巧。沟通的技巧有很多，最主要的有：要善于倾听（父母说话的时候不随便打断父母）；要善于表达自己的感受，尽量避免“我不活了”、“我就是个废物”之类的情绪化语言；不使用绝对化的语言，像“你绝对错了”、“我绝对是对的”之类的语言最好不要使用，而改用一些包容性的语言，比如“您说的有道理，可是我也有我的道理”，等等。

2《“精彩极了”和“糟糕透了”》心理探秘

下面我们先欣赏一下美国著名的畅销书作家舒尔伯格的散文《“精彩极了”和“糟糕透了”》：

记得七八岁的时候，我写了第一首诗。母亲一念完那首诗，就眼睛发亮，兴奋地嚷着：“巴迪，这是你写的吗？多美的诗啊！精彩极了！”她搂着我，不住地赞扬。我既腼腆又得意，点头告诉她，诗确实是我写的。她高兴得再次拥抱了我。

“妈妈，爸爸什么时候回来？”我红着脸问道。我有点迫不及待，想立刻让父亲看看我写的诗。“他晚上七点钟回来。”母亲摸摸我的脑袋，笑着说。

整个下午我都怀着一种自豪感等待父亲回来。我用漂亮的花体字把诗认认真真誊了一遍，还用彩色笔在它的周围画了一圈花边。将近七点钟的时候，我悄悄走进饭厅，满怀信心地把它平平整整地放在餐桌上。

七点，七点一刻，七点半。父亲还没有回来。我简直急不可耐了。我敬仰我的父亲。他是一家影片公司的重要人物，写过好多剧本。他一定会比母亲更加赞赏我这首精彩的诗。

快到八点钟的时候，父亲终于回来了。他进了饭厅，目光被餐桌上的那首诗吸引住了。我紧张极了。

“这是什么？”他伸手拿起了我的诗。

“亲爱的，发生了一件美妙的事。巴迪写了一首诗，精彩极了……”母亲上前说道。

“对不起，我自己会判断的。”父亲开始读诗。

我把头埋得低低的。诗只有十行，可我觉得他读了很长的时间。

“我看这首诗糟糕透了。”父亲把诗放回原处。

我的眼睛湿润了，头也沉重得抬不起来。

“亲爱的，我真不懂你这是什么意思！”母亲嚷道，“这不是在你的公司里。巴迪还是个孩子，这是他写的第一首诗。他需要鼓励。”

“我不明白，”父亲并不退让，“难道世界上糟糕的诗还不够多吗？哪条法律规定巴迪一定要成为诗人？”

我再也受不了了。我冲出饭厅，跑进自己的房间，扑到床上痛哭起来。饭厅里，父母还在为那首诗争吵着。

几年后，当我再拿出那首诗看时，不得不承认父亲是对的。那的确是一首糟糕的诗。不过母亲还是一如既往地鼓励我，因此我一直在写作。有一次我鼓起勇气给父亲看一篇我写的短篇小说。“写得不怎么样，但不是毫无希望。”根据父亲的批语，我学着进行修改，那时我还不满12岁。

现在，我已经写了很多作品，出版、发行了一部部小说、戏剧和电影剧本。我越来越体会到我当初是多么幸运。我有个慈详的母亲，她常常对我说：“巴迪，这是你写的吗？精彩极了。”我还有个严肃的父亲，他总是皱着眉头，说：“这个糟糕透了。”一个作家，应该说生活中的每一个人，都需要来自母亲的力量，这种爱的力量是灵感和创作源泉。但是仅仅有这个是不全面的，它可能会把人引入歧途，所以还需要警告的力量来平衡，需要有人时常提醒你：“小心，注意，总结，提高。”

这些年来，我少年时代听到的这两种声音一直交织在我的耳际：“精彩极了”，“糟糕透了”；“精彩极了”，“糟糕透了”……它们像两股风不断地向我吹来。我谨慎地把握住生活的小船，使它不被哪一股风刮倒。我从心底里知道，“精彩极了”也好，“糟糕透了”也好，这两个极端的断言有一个共同的出发点——那就是爱。在爱的鼓舞下，我努力地向前驶去。

心理解码：

“精彩极了”是母亲赏识教育的表现，它给“我”以力量；“糟糕透了”是父亲挫折教育的体现，它给“我”以方向。正是赏识教育与挫折教育的有机结合让“我”的人生“精彩极了”！

光有赏识教育没有挫折教育，赏识教育就会流于形式；光有挫折教育没有赏识教育，挫折教育就很难达到应有的效果。

这里还要提醒家长注意的是：舒尔伯格的父母所实施的家庭教育，在教育原理的层面是可以借鉴的，但在具体的教育措施层面则不具有普遍意义，是不可以随便复制的。父母在实施赏识教育和挫折教育的时候，父母双方的态度最好保持一致，至少不要相互矛盾。父母对孩子的教育态度不一致，往往会令孩子无所适从。在无奈之中，有的孩子就会养成两面讨好、见风使舵的不良作风，或者对父母采取亲一方疏一方的方式，甚至利用父母之间的矛盾达到个人愿望的满足。这也正是“严父慈母”的教育方式越来越受到质疑的原因之所在。

像本文中的父亲母亲一样，一个对孩子大加赞赏，一个对孩子极力否定，并不适合大多数的中国家庭，因为大多数的父母可能无法把握这两种态度的微妙关系，大多数的孩子也很难正确理解这两种相互矛盾的态度。

以上都是从父母的角度所作的分析。如果从孩子的角度来分析，我们也可以得到许多启示。

启示之一：我们要正确对待父母的夸奖，但父母的夸奖只是对我们的一种激励，我们不能因父母夸奖而忘记反思自己可能存在的缺点。舒尔伯格的父亲可能就是怕儿子听了赞美之后忘乎所以而有意泼冷水吧！

启示之二：我们要像本文作者舒尔伯格一样，既善于从父母的欣赏与鼓励中感受到爱，也善于从父母的批评甚至是打击中感受到爱。只有感受到了爱，我们才能正确面对父母或有意或无意给予我们的挫折与打击。这样，父母的挫折教育才会有正面的、积极的意义。感受不到爱的挫折则可能让我们变得悲观，让我们失去前进的动力和信心，我们的人生就可能因此“糟糕透了”。

3 《背影》：
笨拙的、有杂质的爱才是真爱

很多同学都喜欢看偶像剧，因为偶像剧中的人物是那么完美，感情是那么纯洁，但是，那并不是真实的爱，而是被包装之后的爱。过分迷恋偶像剧中的人物和情节很容易让青少年朋友对爱产生误解。这里有一个证据可以证明现在的中学生对爱的理解有多大偏差。2003年年底，武汉一家晚报披露，朱自清的《背影》在中学生民意测验中得分很低。中学生不喜欢《背影》的理由竟然是“父亲”的形象“很不潇洒”。很潇洒的爱是真实的爱吗？毫无杂质的爱是真实的吗？

一般情况下，都不是的！

朱自清的《背影》告诉我们：笨拙的、有杂质的爱往往是真实的爱！而那些潇洒的、无暇的爱大多是虚幻的、短暂的、没有生命力的。

《背影》这篇文章除了开头一段（也是开头一句话）点题，紧接着两段通过家庭变故的描写来渲染悲伤氛围之外，其余的基本都是在写父爱笨拙的和有杂质的爱，以及我对这种笨拙的、有杂质的爱的误解。

先说父亲语言的笨拙。文中写道：

他再三嘱咐茶房，甚是仔细。但他终于不放心，怕茶房不妥

贴；颇踌躇了一会。其实我那年已二十岁，北京已来往过两三次，是没有什么要紧的了。他踌躇了一会，终于决定还是自己送我去。我再三劝他不必去；他只说，“不要紧，他们去不好！”

父亲如此这般唠唠叨叨，反反复复，真是和老婆婆一般。特别是后面一句话更是笨拙到家：“不要紧，他们去不好！”什么叫“去不好”？这个带有歧义的句子背后其实就是“我舍不得你”啊！

后来，父亲更是“迂”到了家：和脚夫讲价钱“不大漂亮”，“非自己插嘴不可”；嘱托茶房好好照应“我”，“只是白托”；嘱“我”路上小心，夜里警醒些，不要受凉，完全把“我”当三岁的小孩子！这也就难怪“我”心里暗笑他的“迂”。年轻的还不识愁滋味的“我”又如何能体会到这“迂”背后的情感呢？“唉，我现在想想，那时真是太聪明了！”这是作者多年之后终于领悟到父爱之后的深深自责啊！

当父亲做完所有迂腐的事情之后，他终于很得体地说了一句话：“我走了，到那边来信！”可走了几步，回过头来，又说了一句不大好理解的话：“进去吧，里面没人。”什么？火车里面会没人吗？火车里肯定是人满为患啊！哦，翻译一下，应该是：“火车里面没有亲人，当心行李别丢了！”这些看起来很笨拙的语言才是人世间最真实的情感啊！

至于父亲行为的笨拙则莫过于他攀爬月台了。“我看见他戴着黑布小帽，穿着黑布大马褂，深青布棉袍，蹒跚地走到铁道边，慢慢探身下去，尚不大难。可是他穿过铁道，要爬上那边月台，就不容易了。他用两手攀着上面，两脚再向上缩；他肥胖的身子向左微倾，显出努力的样子。”“我再向外看时，他已抱了朱红的橘子往回走了。过铁道时，他先将橘子散放在地上，自己慢慢爬下，再抱起橘子走。”这一连串的“蹒跚”、“探身”、“爬”、“攀”、“缩”、“向左微倾”、“抱”等动作无不显示其身体的不便和行动的迟缓。正是这种笨拙的行为举止将父亲内心的爱子之情展露无遗。试想一下：如果父亲此时的行为非常敏捷而潇洒的话，我们还能感觉到有分量的爱吗?

而父爱的杂质则主要表现在父亲之“怒”，所谓“情郁于中，自然要发之于外；家庭琐屑便往往触他之怒。他待我渐渐不同往日。”这里不仅透露出父亲的“怒”，还显示出父爱的淡薄迹象。这些都是父爱中出现杂质的表现。不过，杂质很快就被过滤出来：“最近两年的不见，他终于忘却我的不好，只是惦记着我，惦记着我的儿子。”其中提到的“我的不好”暗示“我”曾经对父爱不大理解，对父爱有所误读。纯净而浓烈的父爱又重新回到心中时，却是父亲“膀子疼痛厉害，举箸提笔，诸多不便，大约大去之期不远”的时候。这种“子欲养，而亲可能不在”的悲伤氛围不仅与文章悲伤的开头相呼应，更是显示了父爱的弥足珍贵，显示了父子之情深。

如果说母爱是一杯酒，让我们强烈感受到生活的甘醇，那么，父爱则是一杯茶，让我们在今后的岁月中慢慢回味。而我们要真正品味这杯茶就必须学会过滤其杂质从而还原出真爱的本质!

爱的杂质并不能掩盖爱的光芒，相反，它会让爱变得更生动，更真实!

4《散步》：爱的循环之美

沐浴着和煦的春风，欣赏着自然的美景，享受着浓浓的亲情，一个三代同堂的四口之家漫步在南方初春的田野上，这是一幅多么令人陶醉的和谐画面啊！

有人说，这相亲相爱的画面表达的是作者关于尊老的思想，有人说是关于爱幼的思想，还有人说这是既尊老又爱幼的思想。作者莫怀戚曾在《语文学习》上发表文章，回答上面的问题。他说：“这篇文章看起来当然是既尊老又爱幼，其实我骨子里是想写生命。”作者接着写道：“人类，在造物主的眼里，也不过是一个物种而已，与其他物种的性质并无两样。但与其他物种有一点不同，就是人必须对他两端的弱势者负责，即强壮者当对幼小者和衰老者负起责任来。动物只对一端负责，即幼子，而人类还对老人负责。这就是人与动物的不同。对幼子负责，属于遗传本能，而对老人负责，就是文化了，与本能显然不可同日而语。”作者将此归纳为“人类生命规则”。

在这里，我们所要欣赏的是在这种极具中国传统文化色彩的“生命规则”下所显示的爱的循环之美。

文章开篇直入事件主题：“我们在田野散步：我，我的母亲，我的妻子和儿子。”

接着，作者写道：“母亲本不愿出来的。她老了，身体不好，走远一点就觉得很累。我说，正因为如此，才应该多走走。母亲信服地点点头，便去拿外套。她现在很听我的话，就像我小时候很听她的话一样。”这里就有一种循环之美：现在母亲听“我”的话（这是我现在“尊老”的结果）与小时候“我”听母亲的话（这是母亲过去“爱幼”的结果）形成一种爱的循环。

文章接着介绍说：“天气很好。今年的春天来得太迟，太迟了，有一些老人挺不住。但是春天总算来了。我的母亲又熬过了一个严冬。”这个严冬不仅指自然界的严冬，还指家庭的严冬——作者曾解释说，文章写于1985年，那时作者的父亲刚去世，母亲似乎一下子失去了生活目标，身体变得很不好。正是母子之间爱的循环支撑着母亲又度过了一次春夏秋冬的循环！

也正是因为有了这爱的循环，生命才变得如此美好："这南方初春的田野，大块小块的新绿随意地铺着，有的浓，有的淡；树上的嫩芽也密了；田里的冬水也咕咕地起着水泡。这一切都使人想着一样东西——生命。"

"我"和母亲走在前面，"我"的妻子和儿子走在后面。这时，儿子突然叫起来："前面也是妈妈和儿子，后面也是妈妈和儿子。"一家人都笑了。

儿子的这一句话很重要。不仅充满了儿童的机智和趣味，而且暗示在散步的过程中，这个家庭暂时性地分为了两个情感循环系统：母亲与"我"是一个情感循环，而儿子与他的母亲（也就是"我"的妻子）又是一个情感循环。当然，这两个情感循环系统在平时一定是交融的。

后来，这两个情感循环系统在走大路还是走小路的问题上发生了矛盾。情感循环暂时遭遇了阻力。"我"因为平时和妻子、儿子有良好的情感交流（我们从这一家人的和谐相处中就可以感受到），更因为陪伴母亲的时日屈指可数，"我"决定委屈儿子。这种解决矛盾的方法虽然无可厚非，但并不是最佳的方法。

这时，母亲想出了一个化解矛盾的最佳方法，就是及时将孙子也纳入自己的情感循环系统。"母亲摸摸孙儿的小脑瓜"——这是母亲在将爱的能量传递到孙子的身上啊！这样，两个暂时分开的情感循环系统就迅速"合二为一"，成为一个更加和谐的情感循环系统。感情和谐了，无论是走小路还是走大路都不是什么问题；感情不和谐，无论怎么做，大家都会不痛快啊！最后，"我"背着母亲，"我"的妻子背着儿子，就是爱的情感在这个家庭代代相传、循环不止的最好写照。

同学们，你们能时刻感受到自己是处于爱的循环之中吗？如果你感觉不到，那并不表示爱就不存在，而是表明你的情感循环系统遇到了阻碍。这时，你能像文中的老奶奶一样主动把爱的能量传递给自己的亲人、身边的同学、朋友乃至竞争对手吗？

第五章

生命教育

1 《紫藤萝瀑布》：释怀痛苦的启示

原文欣赏：

我不由地停住了脚步。

从未见过开得这样盛的藤萝，只见一片辉煌的淡紫色，像一条瀑布，从空中垂下，不见其发端，也不见其终极。只是深深浅浅的紫，仿佛在流动，在欢笑，在不停地生长。紫色的大条幅上，泛着点点银光，就像迸溅的水花。仔细看时，才知道那是每一朵紫花中最浅淡的部分，在和阳光互相挑逗。

这里春红已谢，没有赏花的人群，也没有蜂围蝶阵。有的就是这一树闪光的、盛开的藤萝。花朵儿一串挨着一串，一朵接着一朵，彼此推着挤着，好不活泼热闹！

“我在开花！”它们在笑。

“我在开花！”它们嚷嚷。

每一穗花都是上面的盛开、下面的待放。颜色便上浅下深，好像那紫色沉淀下来了，沉淀在最嫩最小的花苞里。每一朵盛开的花就像是一个张满了的帆，帆下带着尖底的舱，船舱鼓鼓的；又像一个忍俊不禁的笑容，就要绽放似的。那里装的什么仙露琼浆？我凑上去，想摘一朵。

但是我没有摘。我没有摘花的习惯。我只是伫立凝望，觉得这一条紫藤萝瀑布不只在我眼前，也在我心上缓缓流过。流着流着，它带走了这些时一直压在我心上的焦虑和悲痛，那是关于生死谜、手足情的。我沉浸在这繁密的花朵的光辉中，别的一切暂时都不存在，有的只是精神的宁静和生的喜悦。

这里除了光彩，还有淡淡的芳香，香气似乎也是浅紫色的，梦幻一般轻轻地笼罩着我。忽然记起十多年前家门外也曾有过一大株紫藤萝，它依傍一株枯槐爬得很高，但花朵从来都稀落，东一穗西一串伶仃地挂在树梢，好像在试探什么。后来索性连那稀零的花串也没有了。园中别的紫藤花架也都拆掉，改种了果树。那时的说法是，花和生活腐化有什么必然关系。我曾遗憾地想：这里再也看不见藤萝花了。

过了这么多年，藤萝又开花了，而且开得这样盛，这样密，紫色的瀑布遮住了粗壮的盘虬卧龙般的枝干，不断地流着，流着，流向人的心底。

花和人都会遇到各种各样的不幸，但是生命的长河是无止境的。我抚摸了一下那小小的紫色的花舱，那里满装生命的酒酿，它张满了帆，在这闪光的花的河流上航行。它是万花种的一朵，也正是一朵一朵花，组成了万花灿烂的流动的瀑布。

在这浅紫色的光辉和浅紫色的芳香中，我不觉加快了脚步。

心理解码：

作者宗璞，著名哲学家冯友兰之女，自幼生长于清华园，吸取了中国传统文化与西方文化之精粹，学养深厚，气韵独特。

宗璞一家在“文化大革命”中深受迫害，焦虑和悲痛一直压在作者的心头。这篇文章写于1982年5月，当时作者的小弟身患绝症，作者非常悲痛(1982年10月小弟病逝)。作者徘徊于庭院中，见一树盛开的紫藤萝花，睹物释怀，转悲为喜，并感悟到生的美好和生命的永恒,于是写成此文。

作者的心理变化是这样的：

在看到紫藤萝之前，关于生死谜、手足情的焦虑和悲痛一直压在“我”的心上。在看到紫藤萝之后，焦虑和悲痛被带走，“我沉浸在花朵的辉煌中，获得了精神的宁静和生的喜悦。”

“花和人都会遭到各种各样的不幸，但是生命的长河是无止境的。”这句话是作者将痛苦释怀的关键点。这句话与苏轼《水调歌头·明月几时有》中的“人有悲欢离合，月有阴晴圆缺”一样，都是从整个宇宙的高度关照痛苦，感悟人生，从而达到平衡内心的目的。

当然，一个人内心的不平衡（宗璞内心的不平衡是因为深深的焦虑和悲痛，苏轼的内心则是因为伤感）单靠哲理的感悟是无法真正释怀的，但是，没有哲理的感悟也是很难最终释怀的。所以，当痛苦袭来的时候，苏轼会“举杯邀明月”，会“起舞弄清影”，宗璞会“沉浸在这繁密的花朵的光辉中”——这些都是排遣愁苦的很好的方法。

在《水调歌头·明月几时有》的结尾，苏轼发出了“但愿人长久，千里共婵娟”的美好祝愿；在《紫藤萝瀑布》的结尾，宗璞“不觉加快了脚步”。这些都是他们在心理平衡之后所表现出来的积极的人生态度。

所以，我们要释怀痛苦，要获得内心的平衡，有两点很关键：一是要学会排遣愁苦（如唱歌、跳舞、聊天、旅游等）；二是要学会运用人生的智慧，从整个宇宙的高度关照痛苦，感悟人生。

2 《假如生活欺骗了你》：
就将欺骗变成怀恋吧！

原文欣赏：

假如生活欺骗了你，
不要悲伤，不要心急！
忧郁的日子里需要镇静：
相信吧，快乐的日子将会来临。
心儿永远向往着未来；
现在却常是忧郁。
一切都是瞬息，
一切都将会过去；
而那过去了的，
就会成为亲切的怀恋。

心理解码：

这首诗是普希金1825年在他的一个女朋友——叶·沃尔夫的纪念册上的题赠诗。诗人曾提前把自己要和丹特士决斗的事告诉她，由此可见二人友谊之深。诗人的这首题赠诗后来不胫而走，并广为流传。

这是一首哲理抒情诗。诗人以普普通通的句子，通过自己真真切切的生活感受，对女友进行劝慰。

诗的开头是一个假设："假如生活欺骗了你。"我们生活在这个充满酸甜苦辣的世界，谁没有被欺骗、被伤害的经历呢？除非你一个人到深山里生活。可是在深山里，你也会被野兽欺骗，被野兽伤害的。

所以，这首诗一开头就把读者带到了和诗人相同的情感体验之中，从而引起读者强烈的共鸣。

被生活欺骗了之后，我们该怎么办呢？

在这里，我们暂且将导致欺骗的社会原因、人际交往原因、人性弱点等因素放在一边，而单纯分析一下"被生活欺骗"的心理学含义。

从心理学的角度，"被生活欺骗"的心理其实是一个人愤怒情绪的表现。我们说，抑郁情绪往往指向自己，而愤怒情绪则是指向他人和社会的。抑郁的情绪在指向自己的同时，往往伴随着对自己的否定，如认为自己太无能、太没用等；愤怒的情绪在指向他人和社会的同时，往往伴随着对他人和社会的批判，如认为某人太无耻、这个社会太不公平等。不管是对自己的否定还是对他人和社会的批判，都属于认知的范畴。所以，"被生活欺骗"的心理中有愤怒情绪也有认知，但情绪处于主导地位。

《假如生活欺骗了你》这首诗如果用心理学的语言来表达，那就是：如果你正处于愤怒的情绪中，那么，请你在适当地宣泄情绪之后保持积极和乐观的心态，要向前看。只要你向前看，心态平和，快乐就一定会重新回到你的身边。但有时，虽然你接受了我的劝慰，也知道要向前看，可是你的内心还是摆脱不了那莫名的忧伤。这也不要紧，时间是最好的心理医生。时间不仅会让你最终走出阴霾，还会让你发现：原以为无法承受的痛苦和忧伤在经过时间的沉淀之后竟然变得如此美好。当痛苦和忧伤都变得美好了，就标志着我们真正走出人生的阴霾了。这是我们镇定、坚强的结果，也是我们用艺术的心灵感受生活的结果。

既然人生的欺骗都可以变成怀恋，那么，我们还有什么恩怨不能放下？还有什么痛苦无法释怀？又有什么理由不珍惜现在的每一天呢？

其实，人生的欺骗变成怀恋的故事时刻都在我们身边发生着。特别是同学之间发生的所谓“欺骗”，长大之后回忆起来大多会觉得十分开心，甚至会觉得十分美好，虽然当时也曾因为这个欺骗而感到万分痛苦。所以，当你被某个同学欺骗了，就想象一下十年、二十年之后的情景吧！想象一下你们在二十年之后见面了，他对你提起这件事情，你会有怎样的反应呢？大概会“一笑泯恩仇”吧！

3《水调歌头·明月几时有》：接受有缺陷的生活

原文欣赏：

明月几时有？把酒问青天。不知天上宫阙，今夕是何年。我欲乘风归去，又恐琼楼玉宇，高处不胜寒。起舞弄清影，何似在人间？

转朱阁，低绮户，照无眠。不应有恨，何事长向别时圆？人有悲欢离合，月有阴晴圆缺，此事古难全。但愿人长久，千里共婵娟。

心理解码：

这首诗先写“天问”：“明月几时有？”“今夕是何年。”然后由天问进入虚幻的天宫：“我欲乘风归去，又恐琼楼玉宇，高处不胜寒。”——这是他想从现实中逃避到虚幻之中的愿望。但是，他是一个现实主义者，无法逃避现实去追求虚幻的满足，因此，他很快就由虚幻的天宫回归到了现实：“起舞弄清影，何似在人间！”——还是人间好啊！可是现实中远离亲人的痛苦还在折磨着他，让他无法释怀：“不应有恨，何事长向别时圆？”——月亮啊月亮！你不该对我有什么怨恨吧？那你为何总在我亲人离别时候才圆呢？但是，这种怨恨是那么短暂，他很快就从审美中得到了解脱：只要“人长久”，平安生活，那一点人生的打击和挫折就如同月亮的阴晴圆缺一样，圆是美，缺也是美，顺利是美，挫折打击也是美，我们欣赏都来不及，还有什么值得埋怨和耿耿于怀的呢？

当你人生不如意的时候，读一读这首词，相信你一定会像苏轼一样获得达观的心态。

4《提醒幸福》：
积极的自我暗示是人生幸福的法宝

毕淑敏的散文《提醒幸福》是一篇关于幸福的精品文章。

作者首先列举了现实生活中的一种生活态度，那就是时刻不忘提醒痛苦和灾难。文章写道：才相识了一个朋友，爸爸就说，小心他是个骗子。你取得了一点成功，还没容得乐出声来，所有关切着你的人一起说，别骄傲！你沉浸在欢快中的时候，自己不停地对自己说：“千万不可太高兴，苦难也许马上就要降临……”我们已经习惯了在提醒中过日子。看得见的恐惧和看不见的恐惧始终像乌鸦盘旋在头顶。

时刻提醒灾难和痛苦会有什么结果呢？

作者写道：在皓月当空的良宵，提醒会走出来对你说：注意风暴。于是我们忽略了皎洁的月光，急急忙忙做好风暴来临前的一切准备。当我们大睁着眼睛枕戈待旦之时，风暴却像迟归的羊群，不知在哪里徘徊。当我们实在忍受不了等待灾难的煎熬时，我们甚至会恶意地祈盼风暴早些到来。风暴终于姗姗地来了。我们怅然发现，所做的准备多半是没有用的。事先能够抵御的风险毕竟有限，世上无法预计的灾难却是无限的。战胜灾难靠的更多的是临门一脚，先前的惴惴不安帮不上忙。

作者通过文学的语言告诉读者：适当的忧患意识是非常重要的，但是，忧患意识也不能过头！过多地关注痛苦和灾难，不仅让我们失掉了人生的很多乐趣，而且于避免灾难无补。

为了防止忧虑过头，我们要学会积极的自我暗示，因为积极的自我暗示是人生幸福的法宝！

积极的自我暗示，在作者看来就是要“学习享受幸福”，就是要经常“提醒幸福”。

关于学习享受幸福，作者写道：享受幸福是需要学习的，当幸福即将来临的时刻需要提醒。人可以自然而然地学会感官的享乐，人却无法天生地掌握幸福的韵律。灵魂的快意同器官的舒适像一对孪生兄弟，时而相傍相依，时而南辕北辙。幸福是一种心灵的振颤。它像会倾听音乐的耳朵一样，需要不断地训练。简言之，幸福就是没有痛苦的时刻。它出现的频率并不像我们想象的那样少。人们常常只是在幸福的金马车已经驶过去很远，捡起地上的金鬃毛说，原来我见过它。人们喜爱回味幸福的标本，却忽略幸福披着露水散发清香的时刻。那时候我们往往步履匆匆，瞻前顾后不知在忙着什么。

在作者看来，一些人生活不幸福，其实是由于他们不认识幸福、不会享受幸福造成的。

那么，幸福都有些什么特征呢？作者写道：幸福常常是朦胧的，很有节制地向我们喷洒甘霖。你不要总希冀轰轰烈烈的幸福，它多半只是悄悄地扑面而来。你也不要企图把水龙头拧得更大，使幸福很快地流失。而需静静地以平和之心，体验幸福的真谛。幸福绝大多数是朴素的。它不会像信号弹似的，在很高的天际闪烁红色的光芒。它披着本色外衣，亲切温暖地包裹起我们。幸福不喜欢喧嚣浮华，常常在暗淡中降临。贫困中相濡以沫的一块糕饼，患难中心心相印的一个眼神，父亲一次粗糙的抚摸，女友一个温馨的字条……这都是千金难买的幸福啊。像一粒粒缀在旧绸子上的红宝石，在凄凉中愈发熠熠夺目。

在作者看来，真正的幸福大多是朦胧的、细微的、平静的、无声无息的、朴素的、亲切的、温暖的，而很少是奢华的、轰轰烈烈的。

认识了幸福的特征，我们就能抓住幸福的时刻，好好享受幸福：享受收获的喜悦，享受亲朋相聚的快乐……即使当我们一无所有的时候，我们也能够说：我很幸福，因为我们还有健康的身体。当我们不再拥有健康的时候，那些最勇敢的人依然会微笑着说：我很幸福，因为我还有一颗健康的心。甚至当我们连心也不再存在的时候，那些人类最优秀的分子仍旧可以对宇宙大声说：我很幸福，因为我曾经生活过。

5《红楼梦·好了歌》：降低心理依赖才是真的“好”

原文欣赏：

世人都晓神仙好，惟有功名忘不了。
古今将相在何方？荒冢一堆草没了。
世人都晓神仙好，只有金银忘不了；
终朝只恨聚无多，及到多时眼闭了。
世人都晓神仙好，只有娇妻忘不了；
君生日日说恩情，君死又随人去了。
世人都晓神仙好，只有儿孙忘不了；
痴心父母古来多，孝顺儿孙谁见了？

心理解码：

这首歌出现在《红楼梦》第一回中。甄士隐家业破败后，夫妻俩到乡下田庄里生活。又赶上“水旱不收，鼠盗蜂起”，不得安身，只好变卖了田产，投奔到岳父家。其岳父又是个卑鄙贪财的人，把他仅剩的一点银子也半哄半骗地弄到自己手里。甄士隐“急忿怨

痛”、“贫病交攻”，真正走投无路了。一天，他拄着拐杖走到街上，突然见一个“疯癫落脱、麻履鹑衣”的跛足道人走过来，叨念出这首歌。

这首《好了歌》宣扬了一种逃避现实的虚无主义思想。它是在用通俗浅近的语言来说明这一切都是靠不住的。跛足道人说“好便是了，了便是好”，又把“好”和“了”的含义引申一层，说只有和这个世界斩断一切联系，也就是说只有彻底地“了”，才是彻底的“好”。所以他这首歌就叫《好了歌》。

以上是从这首词的表面所作的诠释。那么，我们该如何从心理的层面进行深度分析呢？

功业、财富、妻妾、儿孙等这些我们所放不下的牵挂其实都是一种外在的寄托。这些外在的寄托可以激发我们的生活激情，可以给我们带来生活的美好和温馨，但如果我们过多地看重这些外在的寄托，甚至被这些外在的寄托所束缚，那么，我们就会失去自我，并最终失去所拥有的一切，也就是“了”了。

那如何才能真正的“好”呢？“了”就真的能“好”吗？其实，只要一个人还活在世上，就无法和世界斩断联系。即使是修行的人士，他们也还是和这个世界有着千丝万缕的联系，只不过他们能最大限度地降低自己对外在事物的心理依赖而已。

从以上的分析中，我们可以得到这样一个启示：文学作品是离不开夸张的，但是生活不能过分夸张，更不能走极端。在欣赏完文学作品中极端的描写之后，我们还要善于将其还原为生活的本来面目。这样，我们就能从文学作品中获得真正的营养了。否则，我们今天学了《好了歌》万念俱灰，明天学了《明日歌》又死灰复燃。这样不断地“俱灰”、“复燃”，我们就不知道什么才是我们想要的生活了！

第六章

情商教育

1 苏东坡的情商

苏轼是北宋著名文学家，唐宋八大家之一，豪放派词人代表。其在诗词散文方面的文学成就极高，且善书法和绘画，是中国艺术史上罕见的全才。其散文与欧阳修并称欧苏，诗与黄庭坚并称苏黄，词与辛弃疾并称苏辛，书法名列“苏、黄、米、蔡”北宋四大书法家之一，其画则开创了湖州画派。

可是，苏轼的仕途充满了坎坷。苏轼的一生，有相当长的时间是在被贬中度过的。据说，有一次，皇帝想让苏轼回到自己身边，就下圣旨将苏轼从流放的地方召回京城。可是，苏轼还没有回来，就有大臣在皇帝耳边聒噪，不断地说苏轼的坏话。皇帝不得不再下一道圣旨，让苏轼继续受贬。这样，苏轼不得不重新踏上贬谪之路。即使这样，苏轼也从没有沉沦过，从没失去对生活的信心和对国家的忠诚。

在王安石当权的时候，他不断地给王安石的改革政策提出批评意见，让改革派以为他是保守派；当王安石改革失败下台后，他又支持王安石的某些改革政策，而批评当权者司马光全盘否定改革的做法，让保守派以为他是改革派。其实，苏东坡既不是改革派，也不是保守派，而是一个在政治上一切以人民利益为重的文人。

一次，苏东坡退朝回家，饭后在庭院中散步，突然指着自己的

腹部问身边的侍女："你们有谁知道我这里面有些什么？"一侍女答道："您腹中都是文章。"苏东坡不以为然。另一侍女说："满腹都是见识。"苏东坡也摇摇头。到了侍女王朝云，她微笑道："大学士一肚皮的不合时宜。"苏东坡闻言，捧腹大笑，赞道："知我者，唯有朝云也。"其实，苏轼的"不合时宜"是对权势不合时宜，对个人利益不合时宜，对人民对社会则是"合时宜"的。

人们不禁要问：是什么力量使苏轼身处如此逆境而自强不息？又是什么力量使苏轼能如此从容地面对官宦生涯的几番浮沉？

从心理学上讲，苏轼天生就是个乐观主义者，他的人格中含有大量的达观品质和辨证思想。这在《记承天寺夜游》、《水调歌头·明月几时有》中有着充分的体现。

在《记承天寺夜游》的结尾，苏轼写道："何夜无月？何处无竹柏？但少闲人如吾两人耳。"言外之意：我应该感谢皇帝将我贬到黄州才对。如果我没有被贬到这里作个闲人，我怎能发现平常的月色中竟有如此的美景呢？

在《水调歌头·明月几时有》中，一句"人有悲欢离合，月有阴晴圆缺，此事古难全"给了多少人以莫大的人生慰藉，这其中的辨证思想又启迪了多少人的生活智慧！

正是这种达观品质和辨证思想使苏东坡练就了一颗平常心和苦中作乐的功夫。这种苦中作乐的功夫，在心理学上指的是一个人善于调节情绪的能力。而善于调节情绪则是情商的重要内容之一。

人生得意时，他可以筑一条苏堤，创一代画风；人生失意时，他可以垦田种地，写下"大江东去，浪淘尽，千古风流人物"的千古佳句，还可以作一名优秀的厨师，开发出诸如东坡肉、东坡鱼、东坡虾、东坡笋、东坡饼、东坡豆腐、东坡荠菜、东坡藕、东坡烧麦等系列菜肴。而他的“东坡”雅号，就是在黄州种地时苦中作乐编出来的。

关于苏东坡苦中作乐的功夫，现代作家林语堂先生有一段著名的论述：

“可以说苏东坡是一个不可救药的乐天派，一个伟大的人道主义者，一个百姓的朋友，一个大文豪，大书法家，创新的画家，造酒实验家，一个工程师，一个假道学的憎恨者，一位瑜珈术修行者，佛教徒，巨儒政治家，一个皇帝的秘书，酒仙，心肠慈悲的法官，一个政治上的坚持己见者，一个月夜的漫步者，一个诗人，一个生性诙谐爱开玩笑的人。”他认为苏东坡比中国其他诗人更具丰富感、变化感和幽默感。

当然，苏轼的情商并没有达到极高的境界。苏轼情商中的不足表现在他对官场人际关系或有意或无意的忽视。按照林语堂先生的说法，有时他会口不择言，过于心直口快；他愤世嫉俗，是非却过于分明。这些也是他经常被贬的原因之一。而处理人际关系的能力也是情商非常重要的内容之一。

虽然苏轼的情商存在不足，但苏轼的人格魅力还是影响了一代又一代人，并成为众多知识分子学习的楷模。

2 《曹刿论战》：一鼓作气体现了情绪的适应功能

《曹刿论战》出自《左传·庄公十年》，主要写曹刿对长勺之战的一番评论。长勺之战发生在公元前684年，是历史上以弱胜强的著名战例之一。

而鲁国之所以能以弱胜强，除了鲁庄公在政治上取信于民的原因外，另外一点就是曹刿在战时注意到了“一鼓作气，再而衰，三而竭”的情绪适应功能。

情绪和情感是我们生存、发展及适应环境的重要手段。我们通过情绪和情感所引起的生理反应发动身体的能量，使身体处于适宜的活动状态，便于身体适应环境的变化。例如，在危险的情况下，人的情绪反应使机体处于高度紧张的状态，从而调动身体的能量，进入最佳的搏斗状态。

在《曹刿论战》中，士兵们又是如何调动紧张情绪来适应战场环境的呢？

当齐军第一次击鼓的时候，齐军士兵迅速进入高度紧张状态，身体能量迅速调动起来，以适应战争环境。可是，对方的鲁国军队竟然没有反应。根据当时的战场规则，齐军是不能进攻的，因此齐

军也就无法真正进入战争状态了。战争状态无法进入，紧张就失去了意义，紧张情绪就会自然消退。当齐军第二次击鼓的时候，因为有了第一次击鼓无果的经验，齐军士兵的紧张情绪就很难达到第一次的水平了，身体能量的调动也就不那么充分了。第二次击鼓的紧张水平虽然比较低，但士兵们的紧张情绪还是存在的，也就是说，齐军的士气虽然受到了一定的影响，但还有一定的士气。所以，曹刿让鲁庄公再忍一忍，还是不理齐军。在古代，击鼓就如同现代战场上吹冲锋号，是必须向前冲的。击了鼓而不能进军，这对齐国士兵适应战场环境是相当不利的——因为下一次再击鼓进军的时候，士兵们就难以调动紧张情绪了。

在齐国士兵看来，第一次击鼓却不进攻可能只是一种偶然现象，所以，当第二次击鼓的时候，士兵们虽然有些懈怠，但还能进入紧张状态。当第二次击鼓同样以不进攻而结束之后，士兵们对击鼓就失去了紧张感。因此，当第三次击鼓的时候，齐军士兵已经无法进入紧张状态，也就不能充分调动身体的能量了。而鲁国的士兵因为是第一次听到自己部队的击鼓声，从没有击鼓而不进攻的先例，当然就能迅速进入紧张状态，最大限度地调动身体的能量了。

松懈的、无法及时进入紧张状态的齐军，其战斗力大幅降低是不可避免的。这就是强大的齐国无法战胜弱小的鲁国的重要原因之一。

士兵在战场上必须充分发挥情绪的适应功能，那么，同学们在平时的学习和生活中，又该如何充分发挥情绪的适应功能呢？

首先，在考试时，特别是在参加大型的考试时，不要过分在意紧张情绪，更不能害怕紧张。紧张不可怕，可怕的是害怕紧张。适度的紧张不是坏事，而是适应考试环境的体现。考试时一点都不紧张，才是不能适应考试环境的表现。

其次，在生活中要善于用情绪和他人交流。比如，我们对他人说“你好”的时候，同时要用微笑来传达我们快乐的情绪，这样对方就觉得很舒服。如果你板着脸，冷冰冰地说“你好”，没有一点情绪传达给对方，对方就不会感到你的善意，甚至会感到很不舒服。再比如，有同学不小心揭开了你内心的伤疤。如果你不能及时调动诸如愤怒、痛苦之类的负面情绪，无法让对方明白这是你内心最大的痛处，是不能轻易触碰的，而仅仅是用语言提醒对方的话，对方很可能不会明白你真实的情感，今后很可能再一次触及你的伤疤。不会调动情绪的适应功能，是中学生人际交往障碍的重要原因之一。

另外，我们在平时的人际交往中，还要注意提高自己“察言观色”的能力。“察言观色”这个词在我们平时的使用中似乎带一些贬义。其实，“察言观色”对我们是相当重要的，因为它是我们主动感受别人情绪、主动适应别人情绪的一种表现，是一个人适应周围人际环境的前提条件和基本能力。察言观色的能力越强，表明这个人的情商水平越高。而完全不会察言观色的人根本就无法在这个社会中生存。

3 跟傅雷学情绪管理

《傅雷家书》中1954年10月2日的信，写于儿子傅聪消沉苦闷时，目的是劝慰儿子正确面对情感的创伤，战胜挫折，泰然处之。

在这封书信中，傅雷的观点可以说非常符合现代情商理论。

下面，我们就跟着傅雷学习如何管理自己的情绪吧！

接纳情绪、宣泄情绪是情绪管理的第一步

傅雷在信的开头写道：聪，亲爱的孩子。收到9月22日晚发的第六信，很高兴。我们并没为你前信感到什么烦恼或是不安。我在第八封信中还对你预告，这种精神消沉的情形，以后还是会有的。我是过来人，决不至于大惊小怪。你也不必为此担心，更不必硬压在肚里不告诉我们。心中的苦闷不在家信中发泄，又哪里去发泄呢？孩子不向父母诉苦向谁诉呢？我们不来安慰你，又该谁来安慰你呢？

心理解码：

接纳自己的情绪，不管这情绪是愉快的还是痛苦的，我们都

要坦然接受，要对内心的一些负面情绪时刻保持一种平常心。当痛苦走来的时候，不紧张；当痛苦远走的时候，也不过分高兴。学会把痛苦当成自己的老朋友，当它来的时候，真心地迎接它；当它走的时候，诚心地欢送它。只有这样，我们才不会被自身的情绪所困扰，才会逐渐树立乐观、旷达的心态。

当然，光接纳情绪是不够的。当有些负面的情绪（比如痛苦、伤心、愤怒、忧愁等）在你的内心积累到影响你的心理平衡的时候，你就必须学会宣泄。而宣泄负面情绪的常见办法就是向亲人和朋友倾诉。

傅雷与儿子的通信，极大地满足了儿子在苦闷低潮时期的倾诉需求，并成为儿子傅聪乃至几代中国人的心灵鸡汤。

理性思考内心的创伤和痛苦是情绪管理的关键

傅雷在信中写道：人一辈子都在高潮—低潮中浮沉，惟有庸碌的人，生活才如死水一般；或者要有极高的修养，方能廓然无累，真正的解脱。只要高潮不过分使你紧张，低潮不过分使你颓废，就好了。太阳太强烈，会把五谷晒焦；雨水太猛，也会淹死庄稼。我们只求心理相当平衡，不至于受伤而已。

慢慢的你会养成另外一种心情对付过去的事：就是能够想到而不再惊心动魄，能够从客观的立场分析前因后果，做将来的借鉴，以免重蹈覆辙。一个人惟有敢于正视现实，正视错误，用理智分析，彻底感悟，才不至于被回忆侵蚀。我相信你逐渐会学会这一套，越来越坚强的。

心理解码：

痛苦是有意义的，痛苦之后方有真正的快乐。在平静的心态中，我们还需要对过去的痛苦乃至心理创伤进行分析和总结，看心理创伤是由什么引起的或者与什么有关，今后如何避免，缓解心理伤痛的有效途径是什么，等等。这样就能避免发生陷入痛苦而不能自拔的情况。

欣赏自己的负面情绪和内心的创伤是情绪管理成功的标志

傅雷在信中写道：我以前在信中和你提过感情的ruin〔创伤，覆灭〕，就是要你把这些事当做心灵的灰烬看，看的时候当然不免感触万端，但不要刻骨铭心地伤害自己，而要像对着古战场一般的存着凭吊的心怀。

心理解码：

哀而不伤，是一种美。当你能平静地欣赏自己的悲伤和痛苦的时候，悲伤和痛苦其实已经升华为艺术之美。达到了这样的境界，我们还有什么痛苦不能化解？还有什么心结不能解开？

同学们，学会欣赏自己心中那份哀而不伤的美，作一个高情商的现代中学生吧！相信你一定能做到。

4《伊索寓言·蚊子与狮子》：骄傲的根源

原文欣赏：

有只蚊子飞到狮子那里，说：“我不怕你，你也并不比我强多少。你的力量究竟有多大？是用爪子抓，还是用牙齿咬？仅这几招，女人同男人打架时也会用。可我却比你要厉害得多。你若愿意，我们不妨来比试比试。”蚊子吹着喇叭，猛冲上前去，专咬狮子鼻子周围没有毛的地方。狮子气得用爪子把自己的脸都抓破了，最后终于要求停战。蚊子战胜了狮子，吹着喇叭，唱着凯歌，在空中飞来飞去，不料却被蜘蛛网粘住了。蚊子将被吃掉的时候，悲叹道：“我已战胜了最强大的动物，却被这小小的蜘蛛所消灭。”

心理解码：

有一天，一只蚊子竟然向狮子发起挑战，要把狮子打败。蚊子还在挑战书中把狮子比作只会抓和咬的女人。蚊子吹着喇叭，自信而勇敢地向着狮子发起猛烈的进攻。蚊子自信，是因为它发现了一种叫“辨证法”的思维方式，它知道每个人（当然还有每个动物）

的每个缺点背后都有一个优点，每个优点背后都隐藏着一个缺点。比如，蚊子的缺点是力量太小，但蚊子力量小的缺点背后是灵活的优点；狮子的优点是力量很大，可相应的就有了笨重不灵活的缺点。发现了优点与缺点的辨证关系之后，蚊子就“专咬狮子鼻子周围没有毛的地方”。这是用自己灵活的优点克狮子呆板的缺点。狮子吃尽了苦头，只好投降。

蚊子用辨证法打败了狮子，可是蚊子的辨证法并不彻底。它只知道自己的灵活对狮子的呆板是优点，却不知道自己太轻的重量对蜘蛛网的黏性那是致命的缺点——蜘蛛网粘蚊子那还不是小菜一碟！而狮子巨大的重量对蜘蛛网的黏性则是很明显的优点——谁看见蜘蛛网粘住狮子呢？也就是说，蚊子只看到自己的缺点可以变成优点，却没有深入下去，没有看到自己的优点很可能在一瞬间又变成致命的缺点。

蚊子临死前悲叹道：“我已战胜了最强大的动物，却被这小小的蜘蛛所消灭。”这是蚊子至死不悟的表现。

蚊子的悲剧是因为骄傲，而骄傲的根源在于它的辨证法掌握得不够彻底。如果它的辨证思想能够更深入一点，它就不会如此骄傲以至于刚取得胜利就丢掉了性命。

中国东汉末思想家荀悦在《申鉴》中指出：“人之性，有山峙渊停者，患在不通。”一个稳如山岳、太持重的人，做起事来，往往不能通达权宜。“严刚贬绝者，患在伤士。”处世太严谨刚烈、除恶务尽的人，往往会因小的漏失而毁了人才。“广大阔荡者，患在无检。”过分宽大的人，遇事又往往不知检点，流于怠情简慢，马马虎虎。“和顺恭慎者，患在少断。”对人客客气气、内心又特别小心谨慎的人，在紧急状况下和关键处，则没有当机立断的魄力。“端悫清洁者，患在狭隘。”做人方方正正、丝毫不苟且的人，又有拘拘缩缩、施展不开的缺点。“辩通有辞者，患在多言。”那种有口才的人，则常犯话多的毛病，言多必失，多言是要不得的。“安舒沉重者，患在后世。”安于现实的人，一定不会乱来，但他往往是跟不上时代的落伍者。“好古守经者，患在不变。”尊重传统，守礼守常的人，又往往会食古而不化，死守着古老的教条，于是就难有进步。“勇毅果敢者，患在险害。”现代语境中所谓有冲劲，有干劲的人，在相反的一面，又容易造成危险的祸害。

辨证思想不仅可以帮助我们克服骄傲自满的心理，还可以帮助我们消除自卑心理。比如，我的缺点是反应慢，但相应的，我就有了做事谨慎的优点；他的优势是反应很快，可相应的，他就可能有做事情毛躁的缺点。此所谓“好坏相生”。认识到这些，我们就能比较客观地认识自我，从而最大限度地避免骄傲自满与自暴自弃心理的出现。

5《白雪歌送武判官归京》：积极的情绪让我们从奇寒中感受温暖

原文欣赏：

北风卷地白草折，胡天八月即飞雪。
忽如一夜春风来，千树万树梨花开。
散入珠帘湿罗幕，狐裘不暖锦衾薄。
将军角弓不得控，都护铁衣冷难着。
瀚海阑干百丈冰，愁云惨淡万里凝。
中军置酒饮归客，胡琴琵琶与羌笛。
纷纷暮雪下辕门，风掣红旗冻不翻。
轮台东门送君去，去时雪满天山路。
山回路转不见君，雪上空留马行处。

心理解码：

友人即将登上归京之途，诗人岑参和将士们一样，自然对天气格外关心。昨夜北风呼啸，天气骤然变冷了。早晨起来一看，发现仲秋季节就下起雪来了。不过，大雪初积，雪还不厚，被风吹折

的干草还没有被雪覆盖。虽然下雪会给归客带来麻烦，但在这些久经大风大雪考验的将士眼中，这点风雪算得了什么呢？充满他们心头的，只有祝贺友人归乡的喜悦之情以及驻守边关报效祖国的豪迈之情。正是有了喜悦、豪迈这些积极的情绪体验，那挂在枝头的积雪，在诗人的眼中才变成了一夜盛开的梨花，就像美丽的春天突然到来，让人感到愉悦，感到温暖。“千树万树梨花开”的意境是多么壮美，又是多么富有浪漫色彩啊！南方人都见过梨花盛开的景象，那雪白的花不仅是一朵一朵，而且是一团一团的，花团锦簇，压枝欲低，与雪压冬林的景象是多么神似啊！

在条件异常艰苦的边塞，面对枝头的积雪，诗人岑参感受到的竟然是春天的温暖和浪漫，这是何等的乐观！这可是“狐裘不暖锦衾薄”、“将军角弓不得控”、“都护铁衣冷难着”的奇寒天气啊！一般人在这种极端恶劣的天气下不埋怨不抱怨就相当不容易了，哪还会有什么温暖与快乐的感觉呢？就是和岑参同时代也同为边塞诗人的王之涣在面对条件异常艰苦的边塞生活时也不得不发出“春风不度玉门关”的寂寞感叹！

至于那“百丈冰”的“阑干瀚海”以及那万里的“惨淡愁云”显然都压制不住诗人及将士们火热的激情，而只能反衬他们的热情。“中军置酒饮归客，胡琴琵琶与羌笛。”这是何等热烈的场面啊！

当友人武判官离开的时候，诗人岑参内心的积极情绪体验似乎有所回落：“山回路转不见君，雪上空留马行处。”但这种回落并不是诸如空虚寂寞之类的消极情绪体验，而是对友人的留恋之情。

总之，全诗的情绪都是积极和乐观的。正是在这种积极情绪的引领下，我们和诗人一起体验了奇寒天气下的温暖，完成了一次奇特的边塞之旅。

第七章

艺术心理

1 《记承天寺夜游》：给你一双发现美的眼睛

原文欣赏：

元丰六年十月十二日夜，解衣欲睡，月色入户，欣然起行。念无与为乐者，遂至承天寺寻张怀民。怀民亦未寝，相与步于中庭。庭下如积水空明，水中藻荇交横，盖竹柏影也。何夜无月？何处无竹柏？但少闲人如吾两人者耳。

心理解码：

生活中不是缺少美，而是缺少发现美的眼睛。

什么人最善于发现生活中的美？在苏轼看来，只有“闲人”——“如吾两人”的闲人才能随时随地发现生活中的美。

庭院里皎洁的月光下有一些纵横交错的树枝树叶的影子（也就是文中所说的“竹柏影”），这该是多么平常的景物啊！谁会发现其中还有不可名状的美呢？千百年来，也没人发现什么啊！可是，因为“乌台诗案”被贬到黄州的苏轼却发现了，发现这是一种如水中藻荇交横的空灵之美。我们常说“月光如水”，竹柏的影子在月光中晃动，不就如同水草在水中摇曳吗？

当然，这里的“闲人”并不是我们常说的无事可做的人，而是抛弃了功利之心的人。唯有抛弃了功利之心的人才能随时随地用审美的眼光关照周围的世界，得到美的享受。

有了功利之心，即使无事可做，你也欣赏不到美；抛弃了功利之心，不管多繁忙，你也能在工作和学习中获得美的享受。

除了抛弃功利之心外，我们还需要有丰富而新奇的联想。从月光联想到水，即“月光如水”的比喻是常见的，虽然也能引起我们美的感受，但是因为太常见而让人有些麻木。而苏轼在此联想的基础上将月光下的竹柏比作水中的藻荇，新奇而合理，令人耳目一新，回味无穷，这就是联想的魅力。

2 从心理学的角度看《杨修之死》的艺术缺陷

《三国演义》是中国古代的四大名著之一。它不仅是较早的一部历史小说，而且代表着中国古代历史小说的最高成就。但是，《三国演义》的艺术缺陷也是很明显的。

《三国演义》在艺术上的缺点，一是人物性格固定化，缺少发展和变化。忠臣永远是忠臣，奸臣永远是十恶不赦的大坏蛋，而现实中的人往往都是变化的；二是想象、夸张有时不合情理。鲁迅先生说："欲显刘备之长厚而似伪，状诸葛之多智而近妖。"这批评是很中肯的。

在《杨修之死》中，作者罗贯中为了烘托曹操虚伪、奸诈、多疑的性格而把杨修塑造成了一个恃才放旷、好耍小聪明的人物形象。这不仅与历史事实不符，而且也不符合心理常识。

首先说与历史事实不符。历史上的曹操非常重视人才，只要能为他的政权效力，即使像陈琳那样曾为袁绍著文骂曹操祖宗的人，他都愿意接纳，更何况是杨修！这是众所周知的事实。在很多历史著作，比如《曲略》、《世说新语》中都记录了曹操对杨修的重视非同一般。说曹操嫉妒杨修的才能是没有道理的。而曹操杀杨修则跟曹丕、曹植之间的斗争有关。《三国志 · 魏书 · 任城陈萧王传》中说："太祖（曹操）既虑始终之变，以杨修颇有才策，而又袁氏（袁

术）之甥，于是以罪诛修。”在《世说新语》里没有记录杀杨修的时间，但《曲略》中清楚地提到，曹操杀杨修是在曹操去世前一百多天的时间里。由此可以推断，曹操杀杨修的决定是在他病重的期间作出的，目的是为了铲除曹植的党羽，以巩固他的接班人曹丕的地位。而杨修也自知他跟曹植的关系太密切，处境十分险恶。而曹操处死他并不是在建安二十二年立曹丕为魏太子时，而是拖到了建安二十四年，曹操才杀杨修。所以，杨修在死之前谓故人曰：“我自故以死之晚也。”他认为自己死得晚了两年。这多活的两年完全是曹操恩赐的两年。

所以，历史上的杨修不过是政治斗争的牺牲品，和恃才放旷是没有关系的。

然后说违背心理学常识。一个在曹操身边生活多年，如此了解曹操内心的人（用夏侯敦的话来说，就是“公真知魏王肺腑也”），怎么可能屡次冒犯曹操，将自己置于万分危险的境地？俗话说：伴君如伴虎。难道杨修连这样简单的道理都不懂？曹操在花园的门上写一个“活”字，暗示手下的人要注意社会影响，不要让老百姓知道他曹丞相的生活很阔气很奢侈，杨修怎么会偏不给他面子，偏要戳穿他的西洋镜？这不是故意和他作对吗？远方的客人送一盒酥给曹操，就因为曹操写了“一合酥”三字于盒上，就被杨修毫不客气地分吃了。吃完之后，还抹抹嘴巴，说：盒上明明写的是一人一口酥嘛，不就是让我们一人吃一口吗？杨修再聪明，也不能在众人面前表现得比曹操聪明啊！连这点道理都不懂，杨修能叫“真聪明”吗？曹操本想以梦中杀人来警戒大家，也好为自己推脱责任，但杨修偏要在大家的面前揭穿他的谎言，这不是成心想陷曹操于不仁不义吗？

以杨修的聪明才智，他不可能明明知道曹操爱面子却偏偏不给曹操面子，明明知道曹操虚伪却偏要拆穿他的虚伪，明明知道曹操喜欢耍小聪明却偏偏要比他还会耍小聪明，明明知道曹操不喜欢别人干涉他的家事却偏偏要干涉他的家事。

所以，作者是为丑化曹操而附带贬低了杨修，而全然不顾这种贬低是否合乎心理常识：一个能体察别人内心细微变化的人，怎么可能只顾自己耍小聪明满足自己的表现欲，而丝毫不顾别人的感受，并最终招来杀身之祸？一个人能作最高统治者的高级参谋，能看清世人都看不清的问题，怎么可能看不到自己面前的危险？高智商的杨修认识不到自己的言行对别人造成的影响，甚至意识不到自己的某些冒失言行具有极大的危险性，这是有悖常理的。

当然，这点缺陷在《三国演义》巨大的艺术成就面前是瑕不掩玉的。

3《观沧海》：天人合一的艺术境界

原文欣赏：

东临碣石，以观沧海。
水何澹澹，山岛竦峙。
树木丛生，百草丰茂。
秋风萧瑟，洪波涌起。
日月之行，若出其中；
星汉灿烂，若出其里。
幸甚至哉，歌以咏志。

心理解码：

在这首诗中，作者以沧海自比，通过写大海吞吐宇宙的气势，来表现诗人自己宽广的胸怀和豪迈的气魄，感情奔放，却很含蓄。“日月之行，若出其中；星汉灿烂，若出其里。”这四句既是写景的高潮，也是作者感情发展的高潮。从表面上看，作者是在写“日月”、“星辰”仿佛出自大海，其实是在写自己的心胸如同大海一般包容了日月星辰。这样，作者就在无形中与大海合二为一，浑然一体，分不清彼此，实现了中国哲学所追求的最高境界——天人合一。

4《香菱学诗》中的痴迷心理

《香菱学诗》出自《红楼梦》，原标题是《慕雅女雅集苦吟诗》。以前曾被选入高中语文教材，现被选入人教版初中语文教材中。

在《香菱学诗》中，我们看到了一个痴迷于诗歌艺术的才女形象。例如：“……只在池边树下，或坐在山石上出神，或蹲在地下抠土……皱一回眉，又自己含笑一回。”这段文字表现出香菱构思时的专注神情。“出神”，是因为她“神与物游”，此刻已是浮想联翩；“抠土”，有费尽心力之意，写她在立意时的反复斟酌之态；“皱眉”也许是因为所用字眼不好；“含笑”，大约是有了奇句，因而感到满意。这是香菱第二稿的构思全过程，从下文“香菱兴兴头头的又往黛玉那边去了”，“自为这首妙绝”等语都可以看出，香菱对自己这番苦吟的结果感到甚是欣慰。

那么，香菱学诗的这种痴迷心理是如何形成的呢？从中我们可以得到什么启示呢？

香菱痴迷于诗歌艺术是有其内在动力的，那就是香菱内在的情感需要。学诗对香菱来说，是一种情感寄托。有人说香菱学诗，是附庸风雅，是为了改变自己卑微的地位。这种观点，我们实在不能苟同。如果香菱是因为外在的原因（改变自己的地位）而不是因为内在的原因

（情感需要）而学诗的话，是很难达到痴迷程度的。这就好比同样是学习，只有那些因为强烈的求知欲而学习的人才可能痴迷学习，而那些因为要出人头地而学习的人，虽然学习也很刻苦，却不可能痴迷于其中，因为学习对他来说只是一块敲门砖而已，谁会痴迷一块砖头呢？

当然，内在动力与外在动力也可以同时存在，这里就不展开分析了。

香菱是个苦命女子，原籍姑苏，出身乡宦家庭。她三岁被拐，长大后被呆霸王薛蟠买去作妾，后随薛家进京，一直住在荣府的梨香院。平日她要伺候薛蟠，难得有空。这一次因薛蟠外出经商，宝钗便把她带进了大观园给自己作伴。在香菱学诗之前，大观园的姑娘们，已缔结了海棠诗社，成功地举行了几次诗歌创作活动。正是这种浓烈的诗歌艺术氛围感染了她，并激发了她内心深处的诗歌情怀和以诗排遣孤单的心理需求。

香菱在诗中充分表达了她的思念亲人之情与孤独寂寞之苦。香菱在诗中写道：精华欲掩料应难，影自娟娟魄自寒。一片砧敲千里白，半轮鸡唱五更残。绿蓑江上秋闻笛，红袖楼头夜倚栏。博得嫦娥应自问，何缘不使永团圆？“红袖楼头夜倚栏”是写孤单，“何缘不使永团圆”则是写对亲人的思念。

再者，香菱得到了林黛玉的指导则是她痴迷于诗歌创作的外在因素。

林黛玉是怎么指导香菱写诗的呢？

首先，鼓励是秘密武器。黛玉夸香菱是一个“极其聪明伶俐的人”，并预言其“不用一年功夫，不愁是个诗翁了”。正是在黛玉的鼓励下，香菱学诗才达到了“茶饭无心，坐卧不宁”的痴迷程度。换言之，如果黛玉也像宝钗那样，说香菱“呆头呆脑”，那么香菱早就望“诗”却步，垂头丧气了，哪还会以苦为乐，忘我学诗呢？这就好比同学们刚开始写作文时，如果老师非常欣赏你的作文，并给你一些非常好的建议，你很可能会爱上作文；如果你刚写作文，老师就给你泼一盆冷水，我想你是很难痴迷于作文的。

其次，要学会写作必须先学会阅读。“熟读唐诗三百首，不会写诗也会吟。”从古至今，许多人都意识到阅读对写作的重要作用，关键是怎么读。不加选择、囫囵吞枣？还是讲究方法、循序渐进？黛玉选择后者来指导香菱。她让香菱精读王维、杜甫、李白的诗，以这三人的诗作底子，再把“陶渊明、应、刘、谢、阮、庾、鲍等人的一看”。这种阅读方法，既有深度，又有广度，其效果不言而喻。

再次，多练习是写作的重要途径。不经过反复练习，就不可能提高写作能力。同一题目《月》，香菱前后共写了三首诗，前两首都告失败。黛玉究其原因，认为香菱不是“读的诗少，被他缚住”，就是“过于穿凿了”。针对这种状况，黛玉鼓励香菱“只放开胆子去做”，就一定能写出好文章来。而香菱后来的梦中得诗其实就是反复练习的结果。

总之，正是香菱内在的情感需要、大观园浓烈的诗歌艺术氛围，再加上黛玉的鼓励和指导才使香菱痴迷于诗歌艺术的创作之中。

痴迷心理是一个艺术家获得艺术成就的重要条件之一。唐朝著名苦吟诗诗人贾岛常常为了作一首好诗而走火入魔，“苦吟”不已，甚至到了“两句三年得，一吟双泪流”的境界。

不仅是追求艺术需要痴迷，人生的很多追求都离不开痴迷心

理。王国维的人生三境界就是对这种痴迷过程的最好描述。

王国维先生在《人间词话》中说："古今之成大事业、大学问者，必经过三种之境界：'昨夜西风凋碧树。独上高楼，望尽天涯路。'此第一境也。'衣带渐宽终不悔，为伊消得人憔悴。'此第二境也。'众里寻他千百度，蓦然回首，那人却在，灯火阑珊处。'此第三境也。"

"昨夜西风凋碧树。独上高楼，望尽天涯路"，这句出自晏殊的《蝶恋花》，原意是写"我"上高楼眺望，表达对心上人的思念。王国维的意思是：做学问成大事业者，必须先登高望远，了解事物的概貌，并瞰察路径，明确追求的目标与方向。香菱精读王维、杜甫、李白等大师诗歌的过程，其实就是她在文学的世界里登高望远的境界。

"衣带渐宽终不悔，为伊消得人憔悴。"这句话出自北宋柳永的词《蝶恋花》。原词是表达爱的艰辛与无悔。王国维则别有用心，以此两句来比喻成大事业、大学问者，不是轻而易举、随便可得的，必须坚定不移，经过一番辛勤劳动，废寝忘食，孜孜以求，直至人瘦带宽也不后悔。若把"伊"比作香菱心中的诗歌，香菱为写诗而"茶饭无心，坐卧不定"的过程，不就是"为伊消得人憔悴"的境界吗？

"众里寻他千百度，蓦然回首，那人却在，灯火阑珊处。"是引用南宋辛弃疾《青玉案》词中的最后四句。王国维以此作为追求的最高境界。做学问、成大事业者，要达到最高境界，必须有专注的精神，反复追寻、研究，下足功夫，自然会豁然贯通，有所发现，有所创造，就能从必然王国进入自由王国。香菱于梦中成诗的境界正好与"众里寻他千百度，蓦然回首，那人却在，灯火阑珊处"的境界相吻合，都是进入自由王国的标志。

同学们，只要你们把痴迷用在人生最有意义的地方，你们的人生就一定会超越时空，变得无比精彩！

5《白兔和月亮》：审美要有心理距离

周国平的哲理寓言故事《白兔和月亮》是深受广大学生喜爱的经典名篇。

这篇寓言旨在说明，对事物的审美态度和功利态度是不同的，有时甚至是互相排斥的。我们要善于发现和欣赏美，就不可抱一种占有的态度。

开始的时候，白兔之所以成为“赏月的行家”，觉得“月的阴晴圆缺无不各具风韵”，是因为她和月亮之间不存在功利关系。月亮既属于她，也属于这世界上的每一个人。这个时候，她的心态是轻松自由的、“无忧无虑”的。可是，在诸神之王宣布月亮归属于她以后，她与月亮之间的关系就完全改变了，变成了一种功利关系。在这种关系的支配下，她的心态也由无忧无虑变成了患得患失。在她眼里，月亮不再是大自然的美景，而是她的私有财产了，她的全部心思便集中在不让她的财产遭到侵犯和损害了，她如何还能欣赏月亮的美呢?

白兔的这种功利之心在美学上是心理距离过小的表现。

心理距离是美学上的一个重要概念。它并不是指空间或时间上的距离，而是指观赏者对于艺术作品所显示的事物在感情上或心理上所保持的距离。适当的心理距离由于消除了观赏者对艺术作品的实用态度，令美感得以产生，并使观赏者对眼前的事物产生崭新的体验。如果心理距离失距了，例如差距或者超距，则不会获得美感。

著名美学家朱光潜先生曾举过一个雾海行船的例子来说明审美时

心理距离的重要性。在朦胧的雾气笼罩的船上，听着邻船的警钟声、水手们手忙脚乱的走动声以及船上乘客的喧闹声，人们时时在为自己的安全担忧和恐惧，在这种情况下是无法产生和谐美妙的审美体验的。但是，站在海岸上的人，观看雾景所产生的心情则和那些身处雾中的船工、游客的心情截然不同。在前一种体验中，海雾是实用世界中的一个片断，它用实在的威胁紧紧地压迫着人们，也就是关系太密切，距离太接近，所以人们没有办法泰然处之地去欣赏；而在后一种体验中，海雾与人之间保持了一种“距离”，于是人们就能够不为忧患休戚的念头所困扰，而以审美的心境欣赏它了。

太近的心理距离，有时来自粗鄙的占有欲。比如，有些人看到鲜花就想到摘几朵玩玩，看到名画就想到拿来收藏，他们只能是亵渎美，而不会好好欣赏美。人对审美对象太熟悉，习以为常，视而不见，闻而未听，也会影响到美感的产生。譬如，一个久居黄山的农夫，在他心目中，黄山上的奇松、怪石、云海、飞瀑就没什么好看的。这也是他们的心理距离太近的缘故。有时，由于审美心理距离太近还会闹出荒唐的事来。有些人的功利心过强，如看到尼加拉瓜大瀑布，就想到可用来发电；看到挺拔的青松，就想到把它锯下来拿到家里做家具；看到梵高名画，就想到能卖多少钱。结果是实用冲淡了美感。

另外，有的老师不会欣赏学生，有的家长不会欣赏自己的孩子，有的丈夫不会欣赏自己的妻子，这些都和他们的心理距离太近有关。

心理距离太近了，很难产生美感。那是不是心理距离越远越好呢？心理距离太远了，也不利于美感的产生。审美时，如果感情不够投入，没有进入审美对象所创设的情境中，没有受到感染，没有产生共鸣——这就是心理距离太远的表现，也是不可能欣赏到美的，更不用说受到美的熏陶了。

第八章

心理常识

1 论语中的心理学

有人说：半部《论语》治天下。这虽然有些夸大《论语》的作用，但是谁也无法否认《论语》的深刻内涵和它在世界范围内的广泛影响。

孔子是中国最早也是最伟大的教育家。伟大的教育理论必然符合心理学的原理和精神。《论语》中体现心理学原理和精神的语句可以说比比皆是。现在，我们就选取《论语》中为同学们所熟知的一些句子进行点评吧！

子曰："知之者不如好之者，好之者不如乐之者。"

这句话的意思是懂得它的人，不如爱好它的人；爱好它的人，又不如以它为乐的人。

由此看来，孔子的教育其实就是我们现在所提倡的"快乐教育"。

诺贝尔奖获得者丁肇中说：我经常不分日夜地把自己关在实验室里，有人以为我很苦，其实这只是我的兴趣，我感到"其乐无穷"，自然有毅力干下去了。丁肇中的这番话也强调了在学习（或研究）中"好之"与"乐之"的极其重要性。

对学生而言，在学习中得不到快乐，其学习效率将大为降低，更别谈什么培养创造能力了。

学习不快乐，不仅影响到同学们的学习效率，还会影响到同学们健全人格的建立。因为学习不快乐而导致各种心理问题的学生，在现实中并不少见。

可以这样说，不喜欢学习的问题比学习成绩差的问题要严重得多。

那么，同学们在学习中该如何遵循快乐原则呢？

首先，要学会发现学习本身的快乐，而不过分依赖学习附带的快乐。什么是学习附带的快乐？就是通过学习得到的外部奖赏。比如，考了第一名，老师表扬，同学羡慕，家长夸奖，还有物质奖励，等等。表扬、羡慕、夸奖和物质奖励都是学习附带的快乐，而不是学习本身的快乐。学习本身的快乐是指我们终于攻克某个难题之后发自内心深处的快乐，是在阅读中所直接感受到的意境之美、节奏之美，是在计算中体会到的精细之美，是在写作中抒发性灵所感受到的创造之美、和谐之美……在学习中，自己给自己（或者老师、父母给我们）设置一定的外部奖励机制可以在一定程度上促进我们的学习，但我们切不可对外部奖励形成心理依赖。当我们对外部奖励形成依赖之后，我们就会忽略学习本身的快乐，甚至完全失去学习本身的快乐。

其次，我们还要学会在学习的艰苦中体会快乐。痛苦从来就是快乐的孪生姐妹。世界上从来就没有纯粹的快乐。我们不能因为要追求学习的快乐就拒绝学习的艰辛、痛苦乃至煎熬。

同学们大多学过宋濂的《送东阳马生序》。宋濂小时候家里很贫穷，没有钱买书，就找别人借书来抄。为了在规定的时间内把书抄完之后还给人家，他在寒冷的冬日夜晚不停地抄书，抄完之后手指都不可屈伸了。为了去寻找名师，他“负箧曳屣，行深山巨谷中，穷冬烈风，大雪深数尺，足肤皲裂而不知。至舍，四支僵劲不能动，媵人持汤沃灌，以衾拥覆，久而乃和”。其中的艰辛是常人难以忍受的。在求学期间，他吃着最差的伙食，穿着最老土的衣服。在一群衣着光鲜、

生活滋润的同学中间，他没有半点痛苦的感觉，相反，他感到很快乐。用他的话说，就是“以中有足乐者，不知口体之奉不若人也”。

如果宋濂单纯追求学习的快乐，排斥学习中的艰辛和痛苦，那么，他就不能得到学习中最大、最彻底的快乐，而只能得到很短暂、很肤浅的快乐。

最后，我们还要学会快乐地生活。有的同学在学习中找不到快乐，并不是他天生不爱学习，而是他不会生活，不会在生活中寻找快乐。人的情绪是可以转移的。我们在生活中的快乐可以很容易地转移到学习之中；同样，生活中的痛苦、焦虑和紧张也可以很容易地转移到学习之中。

如果我们在和同学相处时能尽情享受友情的快乐，和父母相处时能充分享受亲情的快乐，在大自然中能充分享受沐浴阳光的快乐，在运动中能充分享受奔跑的快乐，我们回到学习中就自然能感受到学习的快乐了。

子曰：“温故而知新，可以为师矣。”

这句话的意思是：广泛地熟读典籍，复习所学的知识，进而从中获得新的领悟，又能努力吸收新知以求融会贯通。做到这样的程度了，才可称为老师啊！

子曰：“学而不思则罔，思而不学则殆。”

这句话的意思是：只学习而不思考，就会迷惑不解；只思考而不学习，就会在学业上陷入困境。

上面两种论述可以说是世界上最早的学习心理学理论了。

子曰：“三人行，必有我师焉。择其善者而从之，其不善者而改之。”

这句话的意思是：几个人同行，其中必定有我的老师。我选择他好的方面向他学习，看到他不好的方面就对照自己加以改正。

以上这句话体现了孔子自觉修养、虚心好学的精神，也体现了心理学的原理。“择其善者而从之”是主动认同别人好的精神和品质，“其不善者而改之”则是以他人为镜，认识自我，促进自我成长。这些都是发展心理学的一些基本观点。

子贡问曰：“有一言而可以终身行之者乎？”子曰：“其恕乎！己所不欲，勿施于人。”

这句话的意思是：子贡问道：“有没有一句可以终身奉行的话？”孔子说：“那大概就是‘恕’吧！自己所讨厌的事情，不要施加在别人身上。”

孔子所说的“己所不欲，勿施于人”在心理学上就是要时刻对他人保持同理心。同理心又可理解为同感、共情等，最早由人本主义心理学大师卡尔·罗杰斯提出。它指一个人对于他人感觉、情绪和愿望的关注程度和敏感程度，用来评价一个人对于他人立场的感受能力以及站在他人角度思考和处理问题的能力。而我们理解他人的一个重要方式就是“推己及人”，也就是“己所不欲，勿施于人”。

一般来说，同理心有以下四个方面的内容：

第一，对他人保持一定的敏感度，理解他人。

比如，你觉得自己身边某个同学正为某事而烦恼。对此，你会作出何种反应？如果你相信自己的感觉是正确的，并且设法找机会询问他的苦恼之事，那就表示你对他人的敏感度很高；如果等到同学有所表示或行动，证实了你的猜测之后，你再采取相应的措施，则说明你对他人的敏感度一般；如果你以你的感觉有可能是错误的为理由，忽略自己的直觉，不采取任何行动，甚至根本就注意不到这个同学的情绪问题，则说明你对他人的敏感度很低。

第二，照顾他人的需求和利益。

比如，你身处公共场所，周围的人不是在坐着聊天就是在静静地看报纸或杂志。这时你的电话铃响了，你会作出何种反应？如果你切断响铃，走到一个你可以接听并且不影响他人的地方接听电话，说明你很会照顾别人的需求和利益；如果你像平常那样接听电话，但在讲完电话后，把手机关掉，说明你照顾别人需求和利益的能力很一般；如果你如同在家里一样接听电话，讲完电话后，继续开通手机，接听后面的来电，则说明你根本不会照顾别人的需求和利益，情商有待提高。

第三，促进他人的成长。

假如你是班长，班上的团支部书记正负责组织一次班中的团组织活动。可是，你发现他的组织工作中有很多问题，甚至会产生一些不良后果。对此，你会怎么做？如果你主动征求他的意见，问他是否需要帮助，然后和他一起讨论活动中可能存在的问题，则说明你很善于促进对方的成长；如果你当时不采取任何措施，但是事情结束之后，你会试图尽快收拾残局，避免不良影响，则说明你促进他人成长的能力不是很强；如果你不给对方什么过多的解释，马上插手这件事情，并自己将这件事承担起来，则说明你完全不会促进他人的成长。

第四，融入你的生活环境。

假如当你走近一组自己几乎不认识的人时，他们立刻停止了交谈，只是因为你准备加入其中而已，这时，你会如何反应？如果你猜想他们可能正在进行一个私人的谈话，你为自己的打扰向他们表示歉意，然后询问对方是否愿意接受自己加入其中，则说明你融入环境的能力很强；如果你以开玩笑的口吻，责备他们在背后讨论其他人，说不定还是在讨论你，然后看他们会如何反应，则说明你融入环境的能力一般；如果你不理会他们，就好像你完全没有注意到他们的行为有什么寻常之处那样，继续加入他们的队列当中，则说明你融入环境的能力十分低下。

2 《公输》中的“窃疾”是怎么形成的？

在《公输》中，墨子与楚王的交锋是非常精彩的。文中写道：

子墨子见王，曰：“今有人于此，舍其文轩，邻有敝舆而欲窃之；舍其锦绣，邻有短褐而欲窃之；舍其粱肉，邻有糠糟而欲窃之——此为何若人？”

王曰：“必为有窃疾矣。”

子墨子曰：“荆之地方五千里，宋之地方五百里，此犹文轩之与敝舆也。荆有云梦，犀兕麋鹿满之，江汉之鱼鳖鼋鼍为天下富，宋所谓无雉兔鲋鱼者也，此犹粱肉之与糠糟也。荆有长松文梓楩楠豫章，宋无长木，此犹锦绣之与短褐也。臣以王吏之攻宋也，为与此同类。”

面对楚王，墨子采取了和说服公输盘相同的策略，就是让他陷入“以子之矛攻子之盾”的困境。不过，在楚王面前，墨子更注意劝说的委婉性和艺术性。他先用一个假设，说有这样一个人，自己有华丽的车子不坐，而去偷邻居的破车；自己有丝绸衣服不穿，而去偷邻居的粗布衣服；自己有好饭好菜不吃，而去偷邻居的粗劣食物。接着他就问楚王：“此为何若人？”其目的是诱使楚王说出“必为有窃疾矣”——这个人一定是有偷窃的疾病啊！楚王将这句话一说出来，墨子随即用了三个颇具夸张意味的对比，极言楚国的物产丰富和宋国的物产贫乏，从而类推出楚国攻宋是和“窃疾”“同类”

的结论。此时，楚王像公输盘一样，掉进自己所挖的陷阱中而无话可说，只得连说“善哉善哉”。

文中的偷窃病故事很明显是墨子的杜撰，是他劝说楚王的一种手段。不过，偷窃病的基本特征在故事中还是得到了很好的体现。

现代心理治疗学上称偷窃病为偷窃癖。这种疾病在青少年朋友中也时有发生。

有些孩子家境宽裕，平时并不缺少什么，可就是喜欢偷拿父母、亲戚或同学的钱和物，往往是屡教不改。每次面对老师（或家长）的批评甚至处罚时，他们会从心底里感到错了，并发誓不再偷了，但过后仍然我行我素。

有偷窃癖的孩子会反复出现难以克制的偷窃冲动。他们偷窃之前无计划，偷窃时有逐渐加重的紧张兴奋感。他们行窃不是因个人实际需要，也不考虑偷窃物的经济价值（就是墨子所说的“舍其文轩，邻有敝舆而欲窃之；舍其锦绣，邻有短褐而欲窃之；舍其粱肉，邻有糠糟而欲窃之”）。他们常将偷窃的物品丢弃，偷偷归还或收藏起来。他们都是独自进行偷窃，在体会到偷窃过程中的刺激之后，紧张感会得以缓解，精神会得以满足。

偷窃癖是病理性的，致病因素和机理较为复杂。有关研究认为，患偷窃癖的孩子有大脑发育不良和代谢异常的问题，因此，这类孩子的情感方式、行为方式与同龄孩子有偏差。他们偷窃是病的外在表现，内在的根源则是焦虑、抑郁和强迫症。另外，患有偷窃癖的孩子多由祖父母监护养育，或父母离异、再婚，与孩子缺少情感沟通。他们在学校常被同学孤立和被老师惩罚。由于缺少爱和理性诱导，他们难以建立起自尊自爱的人格。当他们的快乐取向与某些不良行为（比如偷窃）联系在一起时，在潜意识中就形成了一种心理补偿。批评和指责他们，就意味着压制他们的精神需求，往往于事无补。

偷窃癖的有效治疗方式:

首先，父母和老师要放弃偏激无效的教育方法，承认以往对孩子在关爱上有所欠缺，这样可拉近心理距离，缓解孩子的紧张感。家长还要引导孩子找到有效的减压方式，比如听音乐、唱歌、户外运动、体育锻炼等。其次，同孩子一道制订矫正计划。最后，杜绝偷窃行为，改正后老师给予表扬或鼓励。

3《自己与别人》：心灵成长的根本

有一篇叫《自己与别人》的寓言故事这样写道：

村里住着一个农夫，他的名字叫作自己。自己有个邻居，名叫别人。自己矮小，别人高大；自己贫穷，别人富有；自己低贱，别人高贵。

这两个邻居的关系一直十分紧张。

自己有事的时候，总喜欢去找别人。别人不好意思拒绝，只得帮他。忙是帮了，但别人并不心甘情愿：他为什么老喜欢给我添麻烦？

久而久之，别人心里的怨言就表现了出来。

当自己再求助的时候，别人不是推辞就是应付，偶尔帮一次忙，最后却总是事与愿违，别人给自己帮了倒忙。

与此相反，别人对自己不想让他插手的事情倒是非常热心，简直达到了乐此不疲的程度。自己想穿什么颜色的衣服，想种什么庄稼，想讨什么样的老婆，想盖多大面积的房子，别人都喜欢指手画脚。不仅如此，别人还喜欢在村子里发布对自己的看法。自己有针尖大的小事，都会让别人搞得“满村风雨”。

开始，自己还默默忍受，但是时间一长，他就忍无可忍了。

他决定去法院起诉，让法官给他们断这份官司。

自己指控别人干涉他的私事，别人指控自己给他添麻烦。自己和别人各执一词，争执不下。

听了原告、被告双方的详细陈述后，法官作了如此判决：把自己和别人各打五十大板。从此以后，自己的事情自己办，绝对不要求别人；别人对自己的生活，该关心的要关心，不该关心的绝对不要关心，更不能横加干涉。

从此后，自己和别人相安无事。

这个寓言，情节比较有趣，寓意也比较有现实意义，但是这个故事主张将自己和别人截然分开，则存在着简单化与绝对化的思维误区。另外，作者在寓言中说“自己低贱”，是不接纳自我、人格不够成熟的表现。

文章的寓意是：自己的事情自己办，绝对不要求别人；别人对自己的生活，该关心的要关心，不该关心的绝对不关心，更不能横加干涉。这样，自己和别人才能相安无事。

之所以说这个故事的寓意有简单化和绝对化的思维倾向，是因为此寓意是建立在把自己与别人截然分开的基础之上的。

自己与别人真的可以截然分开吗？什么事情绝对是自己的事情？什么事情绝对是别人的事情？别人关心自己的生活，什么叫“该关心”？什么叫“不该关心”？这些其实都很难说清楚。特别是在当今这个地球村的时代，有些事情看起来是自己的事情，其实也是别人的事情；还有些事情看起来是别人的事情，其实也是自己的事情。既然连哪些事情是自己的事情、哪些事情是别人的事情都很难说清楚，那么，什么是自己该关心的、什么是别人不该关心的就更难说清楚了。

自己的事情与别人的事情虽然不能截然分开，但是暂时的、相对的分开还是必须的，是极其重要的。这种将自己与别人暂时分开

的过程就是“把自己当自己”和“把别人当别人”的过程。

就算自己很矮小，很贫穷，但我绝不感到低贱！我就是我，一个独特的我。我自有我价值，我相信我自己，我悦纳我自己！我会注意到别人对我的评价，但我不会让别人对我指手画脚，因为我相信我能做好自己的事情。这就是“把自己当自己”。

就算别人很贫穷，地位很低下，但别人一样值得我尊重。我不会对别人说三道四，更不会随便对别人的事情横加指责，因为我相信别人能做好别人的事情。这就是“把别人当别人”。

将自己与别人分开之后，我们还需要将自己与别人进行融合，即所谓“把自己当别人”和“把别人当自己”。

别人的事情做不好，我也是有责任的。同学们听说过蝴蝶效应吗？蝴蝶在热带轻轻扇动一下翅膀，就可能引发遥远国家的一场飓风。既然万里之外的蝴蝶都可能会影响到我们的生活，那么，我们有什么理由对别人的困难视而不见？把别人当自己，也是为了让自己更好地生活啊！

“把自己当自己”和“把别人当别人”是为了将自己与别人适当地分离，让别人和自己都能真正独立；而“把自己当别人”和“把别人当自己”则是为了让自己与别人融合成一个和谐的整体，并最终获得心灵的成长。

一个人心灵成长的根本就在于分离与融合的统一，而人与人相处的全部内涵也在于这分离与融合的统一。

4《走一步，再走一步》：教我们如何获得心灵的自由

《走一步，再走一步》既是一篇优美的文学作品，也是父亲对恐惧中的儿子实施心理辅导的成功案例。

这篇文章的作者是美国作家莫顿·亨特。他早年曾在空军服役，当过空军飞行员。第二次世界大战时期，他曾驾机执行过对德国的侦察任务。

莫顿·亨特自小体弱怯懦，一直牢记着母亲叫他不要冒险的训诫。一次，他因为不愿被伙伴们叫作“胆小鬼”而违背训诫，跟随他们去攀登一座二十米高的悬崖。当他攀登到离崖顶三分之二路程的石架上时，由于恐惧他全身颤抖，上不去也下不来。伙伴们不但不帮忙，反而嘲笑他一番之后就各自回家了。恐惧和疲乏使他全身麻木，不能动弹，只能在石架上哭泣。暮色中，父亲的手电筒光照到了亨特的身上。黑夜中惊魂未定的亨特随时有掉下来的可能。面对险情，深知儿子禀性的父亲，没有上石架把他抱下来，也没有搬梯子让他下来，或者拿绳子把他吊下来，而是要他自己从石架上爬下来。旁人也许认为父亲太冒险，心肠太硬了。其实不然。

那么，父亲是如何帮儿子脱险的？

面对恐惧中的孩子，父亲没有责骂他，而是极力安慰他，以稳定他的情绪：“下来吧，孩子，晚饭做好了。”亨特哭着说：“我不下去，我会掉下去的，我会摔死的！”父亲开导说：“不要想着距离有多远，你只要想着你是在走一小步。你能办到的！眼睛看着我电筒的光照着的地方，你能看见石架下面那块岩石吗？”“看见了。”亨特说。“现在你把左脚踏到那块岩石上，不要担心下一步，听我的话。”亨特伸出左脚试探着踩到了它，顿时有了信心。父亲鼓励他：“很好。现在移动右脚，把它移到右边稍低一点的地方，那里有另外一个落脚点。”亨特照做了，于是信心大增。

亨特就这样，每次只移动一小步，慢慢爬下悬崖，最后投入了父亲强壮的手臂中。虽然哭泣了一会儿，但他随即产生了一种巨大的成就感。这次经历还使亨特悟出了生活的哲理：每当感到前途茫茫而灰心丧气时，不要想着远在下面的“悬崖”，而要着眼于那最初的一步，走了这一步再走下一步，直到抵达自己所要到的地方。

可以说，正是有了这一次成功地战胜恐惧的心理辅导，亨特才慢慢由怯懦变坚强，并最终成为一名勇敢的空军飞行员。

面对困难的时候，我们应该保持什么心态？该如何找到解决之道？《走一步，再走一步》这篇文章给了我们很有意义的启示。

当困难过大、难以解决的时候，我们就可以把大困难分解成一个个小困难，然后忘掉大困难，全力以赴攻克眼前的小困难。因为暂时忘记了难以解决的大困难，我们就能获得放松的心态；因为以解决小困难为暂时的目标，我们就可以迅速获得成功的体验，而成功的体验又在无形中增加着我们的信心，鼓舞着我们去战胜接下来的一个又一个小困难，并最终战胜大困难，实现自己的理想。

这种心态和方法对于学习、考试是相当重要的。比如，你的同学成绩落后了，怎样赶上去呢？是死死盯住成绩在你前面的同学，不断增加自己的紧张和焦虑？还是暂时忘记他们，而关注你每天要掌握的知识，一小步一小步地前进？答案肯定是后者。再说考试。当你拿到试卷的那一刻，你首先要对整个试卷有一个大致的了解，然后要将整个试卷的任务按照“先易后难、先熟后生、先高后低”的原则进行分解：前一半时间我要完成什么，后一半时间我要完成什么。在前一半时间我最先要完成的是什么，接着要完成的又是什么……只要你把任务分解合理了，你就能静下心来，全力完成面前的一个个小任务，并最终完成考试的大任务。

我们要善于将大困难分解成一个个小困难。其实，反过来说，也是有意义的：当我们过分在乎眼前的小困难，或者说，纠结于眼前的小困难时，我们又需要将目光放远一点，看看远处的大目标——这样，我们就不会被眼前的一点小困难所迷惑了。这里还是以考试为例。眼前的一道题目将你难住了，过不去了，怎么办？赶紧将这个题目放在一边，去做那些容易的、熟悉的、分值高的题目（这就是前面说的“先易后难、先熟后生、先高后低”的应考原则）。最后如果还有时间，再回过头来攻克这个拦路虎。这样，你就不会因考试中的一点小困难而影响到考试的总成绩了。就算你在这次考试中失利了，你还要继续将目光放远，想想整个人生的道路。这样，你就会发现：一次失利又算得了什么呢？

在追求理想的道路上，有时，我们需要将目光收回来，关注眼前的细小问题；有时，我们又需要把目光放远，不为眼前的小目标所迷惑。只有当我们心灵的目光能自由地收回和放远的时候，我们才能获得心灵的自由。

5《狼》：心理战的生动教材

蒲松龄的《狼》是《聊斋志异》中的精彩文章。

我们还是先回顾一下《狼》的原文：

一屠晚归，担中肉尽，止有剩骨。途中两狼，缀行甚远。屠惧，投以骨。一狼得骨止，一狼仍从。复投之，后狼止而前狼又至。骨已尽矣，而两狼之并驱如故。屠大窘，恐前后受其敌。顾野有麦场，场主积薪其中，苫蔽成丘。屠乃奔倚其下，弛担持刀。狼不敢前，眈眈相向。少时，一狼径去，其一犬坐于前。久之，目似瞑，意暇甚。屠暴起，以刀劈狼首，又数刀毙之。方欲行，转视积薪后，一狼洞其中，意将隧入以攻其后也。身已半入，止露尻尾。屠自后断其股，亦毙之。乃悟前狼假寐，盖以诱敌。狼亦黠矣，而顷刻两毙，禽兽之变诈几何哉？止增笑耳。

故事中，屠户的心理过程是这样的：

惧（投骨避狼）——大窘（骨尽狼仍从）——恐（前后受其敌）——悟（刀劈两狼）。

在屠户与狼的较量中，一开始，屠户处于相当不利、非常被

动的境地。而造成这样的局面，一方面是因为二比一的力量悬殊，另一方面则是因为屠户的恐惧心理。“投以骨”、“复投之”就是恐惧心理的外在表现。我们说：狭路相逢勇者胜。一旦心理上输给了对方，即使你的实力很强，你也很难取胜。如果屠户一直心存恐惧不敢斗争，就很可能会被狼吃掉。

在一次次的妥协失败之后，屠户终于认识到狼贪婪的本性，抛弃了对狼的幻想，并战胜了恐惧，全力投入战斗。我们从他一系列的动作中可以清楚地感受到他内心的这一变化。顾、奔、倚、弛、持五个动词，写屠户迅速抢占有利的地形，保卫自己，准备反击；暴起、劈、毙写屠户趁一狼径去、一狼假寐的有利时机，当机立断，奋起杀狼，取得初步胜利；转视、断、毙等动词写屠户高度警惕，再次果断出击，杀死了另一只正在柴草堆里打洞的狼，终获全胜。屠户战胜狼的过程其实就是他战胜恐惧的过程。

假如不幸遇到了恶人，同学们首先要战胜的也是自己的恐惧心理。只有战胜了自己内心的恐惧，你才会冷静下来，勇敢面对，只有敢于面对，你才会像屠户那样善于斗争。

战场上真正的心理战

三国时，马谡给诸葛亮南伐提出建议：“用兵攻心为上，攻城为下；心战为上，兵战为下。”诸葛亮采纳了他的策略，七擒七纵孟获，果然达到了长治久安的效果。另外，诸葛亮的空城计其实也是一种心理战。

普通人际交往中的心理较量

人与人交往，常常是意志力与意志力的较量。不是你影响他就是他影响你。而人与人意志力的较量不就是心理战吗？

当然，我们也不能时时刻刻都处于心理较量的状态中。否则，我们会在紧张中崩溃的。

在人际交往中，只有适时适度地运用心理战的人，才是最有智慧的人。完全不会心理战的人以及心理战运用过度的人往往都难以取得人际交往的成功。

6《入若耶溪》：以动衬静的心理解释

原文欣赏：

艅艎何泛泛，空水共悠悠。
阴霞生远岫，阳景逐回流。
蝉噪林逾静，鸟鸣山更幽。
此地动归念，长年悲倦游。

心理解码：

开头两句写诗人乘小船入溪游玩，用一“何”字写出满怀的喜悦之情，用“悠悠”一词写出“空水”寥远之态，极有情致；第三句和第四句写眺望远山时所见到的景色，诗人用一“生”字写云霞，赋予其动态，用一“逐”字写阳光，仿佛阳光有意地追逐着清澈曲折的溪流，把无生命的云霞阳光写得充满活力，诗意盎然；第五句和第六句用以动显静的手法渲染山林的幽静，“蝉噪林愈静，鸟鸣山更幽”二句是千古传诵的名句，被誉为“文外独绝”，后来出现了一些类似的名句，像唐代王维的“月出惊山鸟，时鸣春涧中”、杜甫的“春山无伴独相求，伐木丁丁山更幽”也是用声响来衬托静的境界，这种表现手法，大多认为是由王籍首创的；最后两句写诗人面对林泉美景，不禁厌倦官场生活，产生归隐之意。

下面，我们专门从心理学的角度来解释一下以动衬静的手法。

“静”并不是没有声音。完全没有声音的世界是非常可怕的。

1954年，加拿大麦吉尔大学的心理学家首先进行了感觉剥夺实验：实验中给被试者戴上半透明的护目镜，使其难以产生视觉；用空气调节器发出单调的声音限制其听觉；给手臂戴上纸筒套袖和手套，腿脚用夹板固定，限制其触觉。被试者单独待在实验室里，几小时后开始感到恐慌，进而产生幻觉……在实验室连续待了三四天后，被试者产生了许多病理心理现象：出现错觉幻觉，注意力涣散，思维迟钝，紧张、焦虑、恐惧等。实验结束后，数日方恢复正常。

感觉剥夺实验表明，离开了包括声音在内的一些外界刺激，人将非常痛苦。一般来说，人从出生到死亡的所有时间里都离不开声音。只是我们不喜欢嘈杂的、太刺耳的、分贝过高的声音，而喜欢强度在一定范围内的声音。安静状态下的细微声音是我们非常喜欢的、感到很舒服的声音。正因为很舒服，我们就常常忽略了它的存在，并误以为安静就是没声音了。这就好比我们的身体，如果我们身体的某个部位不舒服了，我们才会时刻感到这个部位的存在；如果这个部位很舒服，我们就常常会忘记这个部位的存在。

因此，安静其实是那种让我们感到很舒服的、声音很细微的状态，而不是完全没有声音的状态。比安静状态下的细微声音稍微强烈一点，但同样让我们感到很舒服的声音（比如小鸟的叫声、闹钟的滴答声等）在安静状态下出现，会让先前的细微声音变得更为模糊，我们也就感到更加安静了。这在普通心理学上叫作感觉对比。

而那些过于强烈的、刺耳的声音（比如大声喊叫、爆炸声等）只会让我们感到痛苦和紧张，只会破坏静的感觉，是无法以动衬静的。即使是那些引起愉悦感觉的声音，比如歌声等，超过了一定的分贝也会破坏安静的氛围。我们常常用飘渺的歌声来衬托夜的宁静，却很少用清晰的歌唱来衬托夜的宁静。这是同学们在写作的时候要注意的。